Elana Liehmar

Engel oder Teufelchen?

Erkenne die verschiedenen Kollegentypen, um professionell zu handeln

IMPRESSUM

Texte Copyright © 2018 Elana Liehmar, Liehmar@web.de

Bildmaterialien Copyright © 2018 Elana Liehmar, erstellt durch Elana Liehmar mittels Amazon Cover Creator

Alle Rechte vorbehalten
ISBN: 9781980550013

Inhalt

Vorwort 6

Geschlechterspezifische Unterschiede 9
Mädchen prügeln sich nicht 11
Sprechen Männer und Frauen die gleiche Sprache? 17
Auch der Körper spricht 21

Die verschiedenen Kollegentypen 23
Der Streber 24
Die graue Maus 26
Die Primadonna 27
Der kreative Problemlöser 29
Der Besserwisser 30
Der Diskutierfreudige 31
Die Büro-Mama 33
Die Gute-Laune-Fee 34
Der Schleimer 35
Der Pedant 36
Der Anmachtyp und die Flirtbiene 37
Der Choleriker 38

Der Alleinunterhalter 40
Das Faultier 41
Der alte Hase 42
Der Blender 43
Das schwarze Brett 44
Die Zicke 46
Der Nörgler 47
Der Intrigant 48
Der Macher 49
Der besonnene Kritiker 50

Kommunikationstipps 52
Die vier Seiten einer Nachricht 53
Die nonverbale Kommunikation 55
Aktives Zuhören 57
Vorwurfsfrei konfrontieren 60
Spannungsfrei diskutieren 62
Der Problemlösungsprozess in vier Schritten 66

Der Umgang mit Neid 70

Der Umgang mit Gerüchten 75

Tipps für mehr Spaß bei der Arbeit 81

Die wichtigsten Erkenntnisse 88

Der schlaue Kommentar am Ende 98

Dankesworte 100

Vorwort

Was für ein Pfau, so eine Zicke! Kennen Sie solche Gedanken? Bestimmt. Jeden Tag stehen Sie in Ihrem Berufs- und Privatleben mit vielen und unterschiedlichen Menschen in Kontakt. Wie kommunizieren und verhalten Sie sich richtig? Wie können Sie Ihre eigenen Nerven schonen und ihre Kraft sowie Energie gezielter und effizienter für die jeweilige Aufgabe einsetzen?

Der erste Schritt ist die Erkenntnis. Wen haben Sie vor sich und schätzen Sie diese Person richtig ein? Der zweite Schritt ist, das eigene Handeln entsprechend anzupassen, um das Ziel eines spannungsfreien Umgangs mit anderen Menschen sowie für ein effizientes Vorgehen zu erreichen. Von Kollegen und Mitarbeitern kann es mitunter abhängig sein, ob sie einem den Spaß an der Arbeit nehmen. Zudem können sie sogar Stolpersteine auf dem Weg zum eigenen Erfolg darstellen.

Sofern Ihnen solche oder ähnliche Situationen und Fraugestellungen bekannt sind, könnten Ihnen meine Erfahrungen und Tipps hilfreich sein. Das Ziel ist es, Spannungen und Konflikte im Umgang mit Ihren Mitmenschen zu reduzieren und Sie erfolgreich und professionell handeln und erscheinen zu lassen.

Warum könnte gerade ich Ihnen hierzu Tipps geben?

Zwanzig Jahre lang war ich eine weibliche Führungskraft und Managerin in einem der größten DAX-Unternehmen in Deutschland. Dabei habe ich in den Jahren von 1996 bis 2016 insgesamt ungefähr ein Dutzend gravierende organisatorische Änderungen in verschiedenen Fachbereichen erlebt und mitgestaltet.

Damit verbunden war jedes Mal der Aufbau von neuen Teams, wobei mein kleinstes Team aus sechs und mein größtes Team aus vierhundert Mitarbeitern bestand. Zudem arbeitete ich zwölf Jahre an verschiedenen Standorten in Deutschland, die zwischen 120 und 600 km von meinem Wohnort entfernt lagen.

In dieser Zeit hatte ich mit so vielen Menschen zu tun, und zwar egal ob mit männlichen oder weiblichen Kollegen, Mitarbeitern und Chefs, sodass ich hierzu umfangreiche Erfahrungen zu den verschiedensten Menschentypen sammeln konnte.

An manchen Tagen kam ich mir dabei schon vor, wie wenn ich mich in einem großen Haifischbecken befinden und ums Überleben kämpfen würde. Manchmal dachte ich mir auch, dass mein Beruf gelegentlich etwas Ähnlichkeit mit dem Betätigungsfeld einer Raubtierdompteuse hatte und weniger mit dem Arbeiten in einem Streichelzoo.

Dabei wünschte ich mir oft einen Mentor an meiner Seite, mit dem ich mich hätte austauschen und beraten können. Leider hatte ich diesen nicht und musste oder konnte alle Erfahrungen selbst sammeln. So kam ich auf den Gedanken, meine Erkenntnisse zusammenzutragen und mit Ihnen zu teilen, damit Sie die Möglichkeit haben, manche Fehltritte einfach gar nicht erst zu begehen.

Der Umgang mit anderen Menschen ist nicht immer leicht und so machte ich auch hier meine Fehler und verhielt mich nicht immer richtig. Daraus lernte ich jedoch enorm viel, und zwar nicht nur für mein Berufsleben, sondern in gleichem Maße ebenso für mein Privatleben.

An dieser Stelle sei auch erwähnt, dass ich manche Methode oder manches Mittel erst zu Hause an meinem Ehemann ausprobierte. Sofern dies im Umgang mit ihm Erfolg zeigte, wandte ich diese Methodik anschließend auch im Geschäft an und es funktionierte natürlich dort gleichermaßen. Den umgekehrten Weg beschritt ich ebenfalls, indem erfolgreich erprobte Mittel aus dem Berufsleben zu Hause innerhalb meiner Familie Anwendung fanden.

Auf den folgenden Seiten möchte ich Ihnen nun Tipps und Anregungen geben, die Ihnen dabei helfen können, Ihr Verhalten zu professionalisieren. Dabei spielt Kommunikation eine zentrale Rolle im Umgang mit anderen Menschen.

Das Ziel ist es, dass zumindest Sie Fehler in Gesprächen oder in Ihrem Verhalten vermeiden, um Ihnen die Zusammenarbeit mit Kollegen, Mitarbeitern und Chefs zu erleichtern. Allerdings ist dieser Weg nicht immer einfach und erfordert viel Geduld, Übung und Durchhaltevermögen. Der Erfolg wird Ihnen jedoch recht geben und Ihre Mühen auf-wiegen. Dann packen wir es mal an.

Geschlechterspezifische Unterschiede

Gerade im Umgang mit anderen Menschen zeigen sich unsere typisch männlichen und weiblichen Verhaltens- und Kommunikationsmuster sehr deutlich. Umso wichtiger ist es, die wesentlichen geschlechterspezifischen Unterschiede zu kennen und bewusst wahrzunehmen.

Diese sind im Berufsleben wie auch im Privatleben erkennbar, und zwar mehr als uns manchmal selbst lieb ist. Dabei kommen mir persönlich ab und zu verschiedene Tiere aus dem Zoo in den Sinn, deren Niedlichkeitsgrad allerdings sehr unterschiedlich ausfällt.

Durch unsere genetische Veranlagung und der urzeitlichen Unterscheidung zwischen Jäger und Sammler verhalten sich Männer und Frauen unterschiedlich, was durch Erziehung noch unterstützt wird.

So werden Männer mehr zu Durchsetzungsvermögen hin erzogen und Frauen eher zu Anpassung, Zurückhaltung und Harmoniestreben. Diese unterschiedlichen Verhaltensmuster beeinflussen die Art und Weise, wie wir im Berufsleben agieren und von anderen wahrgenommen werden. Oh ja – und sogar sehr intensiv.

Um professionell handeln zu können, ist es wichtig, diese Unterschiede zu erkennen, um das eigene Verhalten darauf auszurichten, verbunden mit dem Ziel, Spannungen im zwischenmenschlichen Miteinander zu reduzieren.

Wer will denn schon ständig im Streit mit seinen Mitmenschen liegen? Niemand, zumindest die meisten unter uns. Es gibt allerdings auch ausgeprägte Streithähne und -hennen, bei denen ein Tag erst gut ist, wenn sie mindestens einen Kollegen/in zur Schnecke gemacht haben.

Nur gut, dass diese Menschen die Minderheit in unserem Arbeitsalltag darstellen, denn ansonsten müsste jeder von uns noch eine Gefahrenzulage bekommen, und zwar wegen der Gefährdung der eigenen guten Laune und des persönlichen Wohlbefindens am Arbeitsplatz.

Dabei wollen wir alle das Gleiche – nämlich Spaß an der Arbeit haben, ohne uns ständig gegenseitig auf die Nerven zu gehen oder uns regelmäßig hitzige Wortgefechte zu liefern.

Also schauen wir uns einmal die wesentlichen Unterschiede zwischen den beiden Geschlechtern und die damit verbundenen Erkenntnisse etwas genauer an.

Mädchen prügeln sich nicht

Hat unsere „genetische Grundprogrammierung" als Jäger oder Sammler etwas mit unserem heutigen Verhalten im Berufsleben zu tun? Oh ja - und wie!

Forscher sehen den Grund für die unterschiedlichen Verhaltensweisen von Männern und Frauen in der Frühzeit der Menschen verankert. Zu diesen Zeiten gingen Männer auf die Jagd, um stundenlang Tiere zu verfolgen und um die Familie zu ernähren. Dabei wurde die Kommunikation untereinander auf ein Minimum beschränkt, denn Tiere hören ihre Jäger sehr schnell.

Die Aufgabe der Frauen bestand darin, auf den Nachwuchs aufzupassen und sie mussten damit ständig ihre Umgebung im Auge behalten, um mögliche Gefahren frühzeitig zu erkennen. Dabei standen Kommunikation und das Wahrnehmen von Gefühlen und Emotionen innerhalb der Gruppe im Vordergrund.

Allein diese unterschiedlichen Aufgaben machen schon deutlich, dass entsprechend das Verhalten von Männern und Frauen in der Frühzeit völlig verschiedene Zielstellungen hatte und sich entsprechend unterschiedlich entwickelte.

Haben Sie schon einmal eine Gruppe von Jungen beobachtet und sich gedacht, warum können diese nicht friedlich miteinander spielen? Na ja, sie können nicht wirklich etwas dafür, denn schon bei einer Gruppe von kleinen Jungen ist erkennbar, dass diese sich gerne mal raufen oder sich gegenseitig etwas wegnehmen.

Dabei geht es im Wesentlichen um das Gewinnen und Verlieren und um das Zeigen von Durchsetzungsvermögen. Diese Eigenschaften werden bei Jungen als Stärke definiert, wobei das Unterliegen oder Kleinbeigeben als Schwäche eingestuft wird.

In einer Gruppe von Jungen gibt es meist einen Anführer und eine hierarchische Struktur. Zudem stehen Jungen gerne im Mittelpunkt, lassen sich bewundern und streiten sich darüber, wer der Beste ist. Sie verbringen ihre gemeinsame Zeit lieber mit Aktivitäten als mit Worten. Tja, und das führt dann auch schon mal zu blauen Flecken. Sie kennen bestimmt den Satz, wenn sich ein Junge geprügelt hat, dass der andere noch viel schlimmer aussehe als er selbst.

Völlig verschieden ist dagegen das Verhalten von Mädchen, denn die raufen in der Regel nicht miteinander. Besteht eine Gruppe aus Mädchen, ist erkennbar, dass diese viel miteinander reden und sich unterhalten, wobei es ihnen mehr um Harmonie und um die Gefühle der anderen geht.

Sich zu prügeln, wird weder von Mädchen erwartet noch passt es in deren typisches Verhaltensmuster. Hier geht es nicht vorrangig um Gewinner oder Verlierer. Nur selten geben Mädchen Befehle, denn sie sind viel mehr an Kompromissen interessiert und stecken dabei auch mal ihre eigenen Bedürfnisse zurück.

Von Mädchen kommen dagegen verstärkt Vorschläge wie zum Beispiel: „Wir könnten das ja auch mal so machen oder?" Dabei sprechen sie weniger klar und eindeutig aus, was sie konkret machen wollen. Hier ist häufig das Lesen oder Hören zwischen den Zeilen erforderlich – hmm, das ist auch nicht immer ganz einfach.

Diese wesentlichen Unterschiede im Verhalten begegnen uns ständig und überall. Ist Ihnen schon einmal aufgefallen, wie Sie mit Ihrem Partner oder Partnerin Feuerwerkskörper zu Silvester aussuchen?

Männern ist es besonders wichtig, dass das Feuerwerk viel Lärm macht und knallt. Frauen dagegen stehen auf Glitzerregen und schöne Farben. Aus diesem Grund ist es ihnen wichtig, dass das Feuerwerk schön anzusehen ist und Lärm machen muss es dabei nicht.

Mit großer Wahrscheinlichkeit wird eher das Feuerwerk ausgewählt, an dem der Herr des Hauses die größte Freude zeigt, denn Frauen tendieren durch ihre Erziehung eher zu höflichem, zurückhaltendem, rücksichtsvollem und angepasstem Verhalten. Das anerzogene Rollenmuster ist gerade bei solchen Gelegenheiten erkennbar.

Oh ja, auch ich gebe meinem Mann jedes Mal nach, wenn wir Feuerwerk einkaufen. Das sollte ich vielleicht in der Zukunft mal ändern und dann gäbe es eine große Menge von wunderschönem Glitzerregen zu bewundern. Sie merken schon, in Gedanken arbeite ich bereits mit einem ganz breiten Grinsen im Gesicht an unserem nächsten Silvesterfeuerwerk.

Zurück zur Arbeit, erinnern Sie sich noch an den letzten Workshop mit Gruppenarbeit in Ihrer Firma? Falls Sie einer gemischten Gruppe angehörten, ist Ihnen bestimmt folgende Rollenverteilung aufgefallen. Eine Frau aus der Gruppe notierte mit großer Wahrscheinlichkeit die wichtigen Punkte auf einem Schreibblock, wobei die Männer aus der Gruppe eifrig diktierten.

Anschließend durfte die Frau auch die Ergebnisse der Gruppe in Schönschrift am Flipchart festhalten. Eine gern verwendete Begründung der Kollegen ist hierbei das Argument: „Du hast von uns die schönste und leserlichste Handschrift."

Im Gegenzug hat sich mit großer Wahrscheinlichkeit ein Kollege bereits freiwillig gemeldet, um die Ergebnisse der Gruppe den restlichen Teilnehmern des Workshops zu präsentieren. Auch hier sind die typischen Verhaltensmuster erkennbar – Männer tragen gerne vor und Frauen drängen sich nicht gern in den Vordergrund.

An mir selbst stellte ich fest, dass ich in meinen jungen Jahren genau dasselbe Verhalten zeigte. Erst durch das Arbeiten an mir und durch mehr Selbstvertrauen wurde ich mutiger und meldete mich zum Beispiel in Arbeitsgruppen zur Ergebnispräsentation freiwillig.

Die Kollegen waren meist sofort damit einverstanden, dass in diesen Fällen ein Mann das Flipchart beschreiben musste und nicht die Frau im Team. Diese positiven Erfahrungen bestärkten mich darin, aus meinen typisch weiblichen Verhaltensmustern auszubrechen und mehr Selbstbewusstsein zu entwickeln.

Entscheidend war die Tatsache, dass ich in der Lage war, mein eigenes und das Verhalten meiner Kollegen zu erkennen sowie einzuschätzen, um meine eigenen Reaktionen besser auf meine Mitmenschen auszurichten.

Auch ich gehöre zu den Menschen, die nicht gerne streiten. Allerdings gehe ich keinem Streit aus dem Weg, der unbedingt sein muss und nicht verhindert werden kann. Jedoch habe ich gelernt, konstruktiv Konflikte zu lösen und wertschätzend mit meinen Mitmenschen zu kommunizieren. Dann steht einer guten Zusammenarbeit im Team schon nicht mehr so viel im Wege.

Ehrlich gesagt, an den meisten Tagen im Jahr beherzigte ich das auch und setzte es erfolgreich um. Aber da ich auch nur ein Mensch bin, gelang es mir nicht immer und ich ärgerte mich manchmal schon über mich selbst – ach ja, und gelegentlich auch über die anderen.

Übrigens, ist Ihnen schon einmal aufgefallen, dass Frauen und Männer sich endlos über Farben austauschen können und am Ende selten einer Meinung sind? Ich stelle auch bei meinem Ehemann immer wieder fest, dass er Farben anders sieht als ich.

Bei mir gibt es viel mehr Schattierungen zu einer Farbe als bei ihm. So unterscheide ich zwischen Hell- und Dunkelrosa, Pink, verschiedenen Orange- und Rottönen. Im Vergleich hierzu redet mein Mann nur von roter Farbe.

Tja, dieser Unterschied bei der Wahrnehmung ist ebenfalls auf unsere Urzeit zurückzuführen, denn bei einem Jäger waren die einzelnen Farbschattierungen nicht so wichtig.

Bei uns Frauen als Sammlerinnen war dies schon von Bedeutung, denn eine rote Beere konnte giftig sein und eine orangefarbene genießbar. Von der Unterscheidung der Farben konnte das eigene Leben abhängig sein. Nur gut, dass dies in der heutigen Zeit nicht mehr so wichtig ist – dem Supermarkt um die Ecke sei Dank.

Bei der Erstellung von gemeinsamen Präsentationen oder Ergebnisunterlagen kann die unterschiedliche Wahrnehmung von Farben im Berufsleben ebenfalls zum Vorschein kommen. Aus diesem Grund ist es besser, in solchen Fällen auf eine langwierige Diskussion zu verzichten, denn Männer erkennen diese farblichen Feinheiten nicht. Sich darüber zu streiten, ob die Farbe nun rot oder orange ist, kostet nur Zeit, die sinnvoller und gewinnbringender eingesetzt werden kann.

Entscheidend ist, dass Sie sich dieser vorher beschriebenen Unterschiede bewusst sind, um zum einen diese wahrnehmen zu können und zum anderen entsprechend darauf eingehen und reagieren zu können.

Sprechen Männer und Frauen die gleiche Sprache?

Eher nicht. Grundsätzlich sprechen wir dieselbe Sprache, allerdings verstehen sich deswegen Mann und Frau noch lange nicht immer auf Anhieb. Was ist hier die Ursache? Frauen und Männer kommunizieren auf unterschiedlichen Ebenen und verstehen somit nicht immer das Gleiche oder was zwischen den Zeilen ausgesprochen wird.

Wie kommuniziert eine Frau?

Frauen kommunizieren auf der Beziehungs- bzw. Gefühlsebene. Dabei geht es darum, etwas zu teilen, Bindungen einzugehen, Gefühle auszutauschen und sie erwarten Anteilnahme. Ein gemeinsames Problem festigt die Beziehung und fördert die menschliche Nähe.

Wie kommuniziert ein Mann?

Männer kommunizieren auf der Status- bzw. Berichtsebene. Dabei geht es darum, im Gespräch festzulegen, wer hat welchen Status, wer übernimmt die dominierende Rolle, wer übernimmt die Führung.

Das Ziel ist es herauszufinden, wer den höheren Status innehat. Über Gefühle tauschen sich Männer weniger aus, sondern sie betrachten Probleme als Herausforderungen, für die es eine Lösung zu finden gilt. Das Ziel bei Männern besteht darin, in einem Gespräch Informationen auszutauschen.

Was passiert nun, wenn ein Mann und eine Frau über das gleiche Problem reden?

Ein Mann macht sofort einen zu dem Problem passenden inhaltlichen Lösungsvorschlag, wobei die Frau von ihm im ersten Schritt lediglich Anteilnahme erwartet. Dies führt dazu, dass die Frau sich schnell verletzt und von einem Oberlehrer als belehrt fühlt.

Wer will schon als Frau einen ständigen Problemlöser haben, wenn sie lediglich hören wollte, dass er ihr Problem versteht und sich eventuell in einer ähnlichen Situation befindet. Ein konkreter Vorschlag zur Problemlösung kann auch anschließend erst angeboten werden – das wäre noch immer ausreichend.

Eine Frau reagiert auf die Problemschilderung eines Mannes meist, indem sie ähnliche Probleme aufzeigt. Sie will ihm damit auf der Beziehungsebene ihre Anteilnahme und ihr Verständnis ausdrücken.

Ein Mann fühlt sich jedoch durch diese Vorgehensweise schnell vor den Kopf gestoßen und meint, dass die Frau ihm dadurch nur mitteilen wolle, dass andere auch dieses Problem haben und er sich nicht so anstellen solle. Dabei hat er lediglich einen inhaltlich konkreten Vorschlag zur Problemlösung erwartet. Und schon stehen die Vorzeichen auf Sturm und der Hausfrieden könnte ernsthaft in Gefahr geraten.

Auch in der Ausdrucksweise unterscheiden sich Frauen von Männern. Frauen verwenden häufig die indirekte

Rede, indem sie Formulierungen verwenden wie „es wäre schön, wenn ..." oder „wir könnten ja mal ...". Die darin versteckte Aufforderung entgeht den meisten Männern, da diese nicht direkt ausgesprochen wurde.

Männer dagegen verwenden Formulierungen wie „ich will, dass ..." oder „lass uns ... machen". Dies kommt bei einer Frau häufig als Befehl an, der ihre eigenen Bedürfnisse und Wünsche nicht immer berücksichtigt. Und schon sind Missverständnisse vorprogrammiert und der Ring für gegenseitige verbale Attacken freigegeben.

In gleichgeschlechtlichen Gruppen treten diese Probleme weniger auf, da die Gesprächspartner auf der gleichen Ebene kommunizieren, sich somit besser verstehen und ähnliche Interpretationsweisen zeigen.

Als Führungskraft konnte ich an einem Gender-Seminar teilnehmen, bei dem mitunter Aufgabenstellungen in kleinen Gruppen bearbeitet wurden. Ich landete in einer Gruppe von sechs Personen und war dabei die einzige Frau in der Runde.

Natürlich tauschten wir uns über unsere persönlichen Erfahrungen im Beruf und auch im Privatleben aus. Die männlichen Kollegen gaben zu, dass sie in der täglichen Arbeit schon manchmal ihre liebe Not damit hatten, das Verhalten ihrer weiblichen Mitarbeiterinnen nachvollziehen und verstehen zu können.

Sie fragten mich, wie es mir dabei erginge und ob ich ähnliche Probleme habe. Ich antwortete: „Da ich selbst eine Frau bin, weiß ich, wie Frauen denken und was in ihnen vorgeht. Somit habe ich keine Schwierigkeiten, andere Frauen zu verstehen oder mich in sie hineinzuversetzen. Männliche Mitarbeiter und Kollegen verstehe ich ebenfalls, da diese auf der Sachebene und über inhaltliche Themen kommunizieren, was ich auch nachvollziehen kann. Frauen zu verstehen, fällt mir leicht und Männer zu verstehen, ist einfacher zu lernen. Somit habe ich den Vorteil als Frau, dass ich beide Geschlechter leichter verstehen kann."

Völlig verblüfft starrten mich die Kollegen in der Runde an und gestanden sich ein, dass sie das auf diese Art und Weise noch nie betrachtet hätten, ich jedoch mit meiner Argumentation recht hätte.

In dieser Runde tauschten wir uns auch über das Sprichwort „Ein Mann – ein Wort, eine Frau – ein Wörterbuch" aus. Dabei kamen wir alle zum gleichen Ergebnis, nämlich dass dieses zwar gerne von Männern genutzt wird, allerdings in der Praxis im übertragenen Sinne genommen nicht korrekt ist. Die Einhaltung von Versprechen hängt nicht wirklich von der Anzahl der dabei verwendeten Worte oder vom Geschlecht ab.

Eine wichtige Erkenntnis besteht darin zu akzeptieren, dass Frauen und Männer unterschiedlich kommunizieren und dass beide Wege weder als falsch noch als richtig, sondern einfach als anders eingestuft werden müssen. Sich dessen bewusst zu sein, verringert die Gefahr, sich im Alltag ständig in Missverständnissen, Schuldzuweisungen oder Streitereien zu verlieren.

Auch der Körper spricht

Die Körpersprache und Mimik unterliegen ebenfalls den geschlechterspezifischen Unterschieden und diese Art der nonverbalen Kommunikation kann in Meetings hervorragend studiert werden.

Bei den Männern liegt der Fokus auf großen Gesten und weniger in der Mimik. So beanspruchen sie mehr Raum wie zum Beispiel durch einen breitbeinigen Stand und durch ausholende Gesten.

Dies dient dazu, Durchsetzungsvermögen zu signalisieren und den eigenen Status zu untermauern sowie Aufmerksamkeit zu erreichen. Das Zeigen von Gefühlsregungen, die auf dem Gesicht ablesbar sind, steht dabei nicht im Vordergrund, sondern eher das sogenannte Pokerface.

Bei Frauen ist es genau umgekehrt. Große Gesten und ein breitbeiniger Stand gelten hier eher als unweiblich. Frauen sitzen meist in einer schmalen Silhouette auf dem Stuhl, indem sie die Beine häufig überkreuzen und die Hände nicht außerhalb ihrer Schulterbreite ablegen. In ihrer Mimik spiegeln sich ihre Gefühle wider, um menschliche Nähe und Freundlichkeit zu signalisieren.

Gerade diese Mimik steht im Berufsleben jedoch sehr häufig für Schwäche, weshalb immer mehr Frauen im Geschäftsleben ebenfalls ein Pokerface aufsetzen, um keine Angriffsflächen zu bieten. Auch dies konnte ich an mir selbst feststellen.

Je höher ich in der Karriereleiter aufstieg, umso mehr versuchte ich meinen Gesichtsausdruck im Griff zu halten und keine Emotionen zu zeigen. Dabei war es mir wichtig, keine Gefühle zu zeigen, die mir als Schwäche ausgelegt werden konnten, um dadurch ungewollt den Gesprächspartnern einen Vorteil zu verschaffen, den ich gar nicht liefern wollte.

Nonverbale Kommunikation findet ständig statt – egal, ob unbewusst oder bewusst und gezielt eingesetzt. Auch hier ist es wichtig, die Körpersprache und Mimik des Gegenübers zu verstehen, um professionell handeln zu können.

Anmerken möchte ich an dieser Stelle noch, dass die beschriebenen geschlechterspezifischen Unterschiede und Verhaltensmuster nicht automatisch für alle Männer und Frauen gleichermaßen gelten. Natürlich gibt es individuelle Unterschiede und Ausprägungen.

Die beschriebenen typischen Verhaltens- und Kommunikationsmuster stellen jedoch die wesentlichen Tendenzen dar und werden sehr häufig in der Praxis beobachtet. Und darum geht es schließlich, sie zu erkennen, wenn sie einem begegnen, um in der Lage zu sein, richtig zu handeln.

Die verschiedenen Kollegentypen

In den nachfolgenden Kapiteln beschreibe ich auf der Basis meiner Erfahrungen aus zwei Jahrzehnten als Führungskraft und Managerin die wesentlichen Merkmale der verschiedenen Kollegen- und Mitarbeitertypen, die mir am häufigsten begegnet sind. Die damit verbundenen Empfehlungen basieren ebenfalls auf meinen Erfahrungen und stellen meine persönlichen und subjektiven Erlebnisse dar.

Mein Ziel war es nicht, ein Lehrbuch oder einen sachlichen Ratgeber unter rein wissenschaftlichen Aspekten zu schreiben, sondern Ihnen anhand meiner persönlichen Erlebnisse Einblicke in die unterschiedlichen typischen Verhaltensmerkmale und Muster zu geben.

Damit verbunden sind die verschiedenen Tipps und Anregungen, insbesondere zu dem Kernthema Kommunikation, die das positive Zusammenspiel auf der zwischenmenschlichen Ebene deutlich erleichtern und helfen, Spannungen zu reduzieren.

Der Einfachheit halber verwende ich bei meinen Schilderungen die männliche Variante bei Personen wie zum Beispiel der Kollege, der Mitarbeiter, der Chef, der Vorgesetzte. Der Großteil der verschiedenen Kollegentypen ist meist geschlechtsunabhängig und kann in der weiblichen wie auch männlichen Form auftreten.

Jeden Tag arbeiten Sie mit den verschiedensten Menschen zusammen, die Sie nicht alle auch automatisch sympathisch finden. Dabei können Sie mit sogenannten Engeln oder Teufelchen konfrontiert werden, die einem das Leben entweder leichter machen oder schwieriger gestalten.

Jeder von uns weist seine individuellen Marotten und Eigenheiten auf, mit denen er gelegentlich seine Mitmenschen nervt. Dennoch, wir müssen miteinander auskommen und dabei kann der eine oder andere Tipp sehr hilfreich sein.

Alle Tipps haben bei mir funktioniert, was jedoch keine Garantie dafür ist, dass die gleichen Mittel auch bei Ihnen klappen. Ich kann Ihnen nur empfehlen, probieren Sie es einfach aus.

Der Streber

Dieser Kollegentyp ist ein wahres Wunder an Einsatzbereitschaft und Ausdauer. Sobald er einen Auftrag erhält, überschlägt er sich buchstäblich vor Eifer. Dabei recherchiert er akribisch und beschäftigt meistens noch weitere Kollegen, die unter der zusätzlichen Belastung nicht immer lautlos stöhnen.

Was ich mit einem solchen Kollegen in gemeinsamen Meetings erlebt habe, war teilweise schon bühnenreif. Da werden Präsentationen vorgestellt, die manche Doktorarbeiten blass aussehen lassen. Eine Unterlage mit fünf komprimierten Seiten gab es bei ihm nicht.

Im Gegenteil, das Backup enthielt meist eine Bibliothek mittleren Umfangs, um auf alle eventuell auftretenden Fragen eingehen zu können. Hier steckten viele Stunden an Tages- und meist sogar Nachtarbeitszeit drin, was sich jedoch in einer all umfassenden Ergebnisvorlage niederschlug. Sehr häufig fühlte ich mich dadurch zutiefst beeindruckt und noch mehr geplättet.

Einer meiner langjährigen Kollegen krönte seinen unermüdlichen Arbeitseifer mit einer hervorragenden bildhaften Sprache und Ausdrucksweise. Dies führte dazu, dass er seine Ergebnisse in Meetings derart anschaulich und humorvoll darstellte, dass wir teilweise bei seinen Präsentationen nicht nur beeindruckt waren, sondern uns noch vor Lachen bogen.

Sein Arbeitseifer konnte durch nichts gebremst werden. Bei jedem zu vergebenden Auftrag rief er freiwillig „hier" und strahlte über das ganze Gesicht, wenn er den Zuschlag erhielt. Er war sehr lieb, aber auch wahnsinnig anstrengend.

Empfehlung: Auch wenn Sie von seinen Präsentationsunterlagen und seinem enormen Engagement beeindruckt sind, so sollten Sie sich trotzdem nicht davon verunsichern und anstecken lassen. Manche Menschen können nicht anders, als jeden Auftrag bis in das letzte Detail auszuarbeiten, auch wenn es in dieser Tiefe gar nicht erforderlich gewesen wäre.

Das Ergebnis ist nicht unbedingt besser, als wenn man sich nur auf das Wesentliche konzentriert. Außerdem sollten Sie auch mit Ihren persönlichen Ressourcen sinn- und planvoll umgehen. Dies ist eine Kunst, die nicht jedem gelingt.

Einen Streber als Kollegen zu haben, hat auch noch einen großen Vorteil. Meist stellt er seine sehr schönen Präsentations- und Ergebnisunterlagen gerne anderen zur Verfügung, die diese dann ebenfalls nutzen können. Man muss das Rad nicht immer wieder neu erfinden und weniger Zeit- und Arbeitsaufwand ist ja auch sehr schön.

Die graue Maus

Menschen, die zu diesem Typus zählen, fallen kaum jemanden auf und sind nahezu unsichtbar. Dabei arbeiten sie sehr genau, gewissenhaft und gründlich und erinnern an ein fleißiges Bienchen.

Im Umgang mit anderen Kollegen zeigen sie sich höflich und zurückhaltend. Meist reden sie auch noch leise und ihr äußeres Erscheinungsbild ist unauffällig. Sie sind lieb und nett, allerdings pflegen sie selten einen engen Kontakt zu anderen Kollegen. Dieser Kollegentyp kommt gleichermaßen bei Frauen und Männern vor.

Lernt man sie jedoch näher kennen und erlauben sie einen Einblick hinter die Kulissen, überrascht dieser Kollegentyp oft mit etwas Unglaublichem aus seinem Privatleben, das man ihr oder ihm gar nicht zugetraut hätte.

So arbeitete ich einmal sehr eng mit einem Kollegen zusammen, der privat begeisterter Motorradfahrer war und mit seiner Rennmaschine regelmäßig Runden auf dem Nürburgring drehte. Es kam auch noch zum Vorschein, dass er voller Leidenschaft Freeclimbing ausübte, was ich ihm nun wirklich nicht auch noch zugetraut hätte. Ja, so kann man sich täuschen - stille Wasser gründen tief.

Empfehlung: Diese Kollegen sind unkompliziert im Umgang und müssen manchmal lediglich dazu gebracht werden, dass sie ihr persönliches Schneckenhaus verlassen. Sofern Sie gemeinsame Interessen zur Anknüpfung haben, können diese als Anhaltspunkte für eine beginnende Konversation dienen.

Die Primadonna

Er oder sie hält sich für einen Star! Dies bedeutet, dass dieser Kollegentyp ständig im Mittelpunkt stehen will und nach Bewunderung lechzt. Außerdem möchte er ständig und überall die Nummer eins sein und auch so behandelt werden.

Sich selbst hält er für einen ausgesprochenen Leistungsträger und erwartet laufend die entsprechende Anerkennung. Wehe diese kommt nicht, dann wird er oder sie ungenießbar. Oh je, und das wird dann erst richtig anstrengend.

Bei einem Kollegen von mir war diese Seite derart stark ausgeprägt, sodass wir ihn hinter den Kulissen als „kleinen Chef" bezeichneten. Ständig wollte er von unserem kleinen Team der Sprecher, der Beauftragte, der Ansprechpartner oder das Eingangstor sein, was wir alles nicht brauchten.

Im zwischenmenschlichen Umgang zeigte er sich höchst sensibel, wenn es um seine eigene Person ging, und als sehr nachtragend. Ein falsches oder unbedachtes Wort und er war sehr schnell beleidigt und die Retourkutsche folgte meist zeitnah.

Er zeigte auch keinerlei Verständnis dafür, dass ich einmal in einem unbedachten Moment zu ihm sagte, dass er überhaupt nicht mein Männertyp sei und wenn wir miteinander verbandelt wären, ständig die Fetzen fliegen würden. Das hörte ich von ihm mit dem entsprechenden Vorwurf auch noch nach zehn Jahren Zusammenarbeit. Wow - das nennt man Elefantengedächtnis.

Empfehlung: Eine Primadonna sollte am besten mit verbalen Samthandschuhen angefasst werden, da diese trotz gegenteiliger Behauptung keinerlei Kritik verträgt. Unter Umständen integrieren sie sich auch nur schwer im Team und sind nicht immer sehr beliebt.

Trotzdem hat eine Primadonna meistens einige sehr ausgeprägte Talente, womit sie manche Dinge ziemlich gut kann. Nutzen Sie diese Dinge, um der Primadonna Anerkennung zu zollen und räumen Sie ihr einen definierten

Freiraum ein, innerhalb dessen sie sich entfalten und glänzen kann.

Falls sie mal über die Stränge schlagen sollte, dann bleibt allerdings nichts anderes übrig, als sie in einem persönlichen Gespräch unter vier Augen deutlich einzubremsen.

Der kreative Problemlöser

Probleme sind sein Ding und wenn es mal kompliziert wird, umso besser. Wenn andere an einer Aufgabenstellung verzweifeln, läuft er zu seiner Hochform auf. Dieser Kollegentyp sprüht buchstäblich vor Ideen und originellen Einfällen. Dabei zeigt er für alles Interesse und sein Wesen ist geprägt von Neugierde und seiner offenen Haltung.

Allerdings beleuchtet er auch sämtliche Punkte kritisch, insbesondere hinsichtlich der Machbarkeit und der finanziellen Auswirkungen. Bei der Suche nach Lösungen zeigt er eine Gründlichkeit und Hartnäckigkeit, die beeindruckend sind.

Durch seine Lösungsvorschläge sorgt er nicht nur für eine höhere Produktivität, sondern auch für eine positive Atmosphäre, denn er wirkt auf andere ansteckend. Meistens gehört er auch zu den rundum anerkannten und akzeptierten Leistungsträgern, mit dem man gerne zusammenarbeitet.

Mit einem solchen kreativen Problemlöser durfte ich in meiner Laufbahn vier Jahre lang sehr eng zusammenarbeiten. Diese Zusammenarbeit war eine der besten in meinem ganzen Leben und hat richtig Spaß gemacht. Wir waren ein ausgezeichnetes Team und es gab kein Thema, das wir gemeinsam nicht gelöst hätten, denn wir ergänzten uns wunderbar. Und er war trotz seines Könnens keine Primadonna!

Empfehlung: Mit einem solchen Kollegentyp können Sie getrost zusammenarbeiten, denn auch Sie werden von ihm profitieren. Sollte er tatsächlich einmal vor Ideen übersprühen und die Bodenhaftung verlieren, kann er von Ihnen sehr schnell wieder durch klare und sachliche Worte in die richtige Richtung gelenkt werden.

Der Besserwisser

Wenn dieser Kollegentyp freie Hand hätte, würde er das ganze Team anders aufstellen und sowieso alles anders machen, da nur er weiß, wie es am besten geht. Egal, über welches Thema gerade gesprochen wird oder welches Problem diskutiert wird, er gibt zu allem seinen Kommentar ab und dass es sowieso ganz anders gemacht werden müsste.

Seine Ideen und Vorschläge sind viel besser als die von allen anderen Kollegen und warum hört denn keiner auf ihn. Er gibt immer seinen Senf dazu, auch wenn alle anderen ihn gar nicht hören wollen.

Meistens gibt es den Besserwisser in Kombination mit der Haltung „ich habe immer recht", was ihn zu einem richtig nerventötenden Individuum macht. Ihn von seiner Meinung abzubringen, gelingt nur selten und meist nur mit vereinten Kräften im Team.

Wenn er in einem Meeting so richtig zur Hochform aufläuft, dreht es sich bald nicht mehr um die Sachthemen, sondern es geht nur noch darum, seine Anschauungen zu widerlegen. Damit wäre das Meeting im Handumdrehen gesprengt, wenn er seine Bühne bekäme.

Empfehlung: Mit seinen ständigen Belehrungen strebt ein Besserwisser nach Anerkennung und Bewunderung. Setzen Sie ihm hohe Ziele, die er erfüllen muss und lassen Sie sich seine Gründe aufzeigen, falls er diese nicht erreicht. Außerdem lassen Sie sich nicht von ihm einschüchtern und verteidigen Sie Ihre Meinung.

Mit konkreten nachweisbaren Zahlen, Daten und Fakten können seine Aussagen gekontert werden. In Meetings sollte er eingebremst werden, da er ansonsten das Ruder an sich reißt und das Meeting plötzlich ganz anders abläuft als geplant.

Der Diskutierfreudige

Dieser Kollegentyp ist an allem interessiert und offen für alles Neue. Meist ist er sehr schnell für neue Themen zu begeistern, arbeitet für sein Leben gern in Projektteams mit und reist gerne von Projektmeeting zu Projektmeeting. Es gibt kein Thema und keinen Arbeitsauftrag, über den nicht diskutiert wird. Diskutieren gehört bei ihm anscheinend zu den persönlichen Grundbedürfnissen.

So flattert er wie ein Schmetterling von Blüte zu Blüte bzw. von Thema zu Thema. Aus Zeitmangel bleibt dann schon manchmal die konkrete Auftragserledigung auf der Strecke - na ja, so wichtig sind Termine schließlich auch nicht. Darüber kann man ja ebenfalls diskutieren.

In einem Team hatte ich einen sehr ausgeprägten Vertreter diesen Kollegentyps. Bei jedem Auftrag, der von ihm als Spezialist zu erledigen war, versuchte er mir gegenüber, den Auftrag wegzudiskutieren.

Eifrig zeigte er alle Argumente auf, weshalb dieser Auftrag keinen Sinn mache und sowieso nur Zeitverschwendung sei. Das Dumme daran war nur, dass diese Aufträge sehr häufig von unserem Konzernvorstand und unserer Geschäftsleitung kamen und sich somit trotz hitziger Diskussion nicht in Luft auflösten.

Empfehlung: Es handelt sich hierbei um einen recht anstrengenden Kollegen, für den schon ein großes Maß an Geduld erforderlich ist. Allerdings sind seine Argumente und Ideen häufig richtig gut und aufschlussreich.

Das bedeutet, Sie sollten sich diese auf jeden Fall anhören, aber keine Wiederholungen zulassen. Dieser Kollegentyp muss ständig eingebremst werden, vor allem wenn es um die Einhaltung von Terminen geht. Lassen Sie sich von ihm nicht auf der Nase herumtanzen.

Die Büro-Mama

Sie ist die gute Seele des ganzen Teams und hat für jeden ein offenes Ohr. Falls ein Kollege oder eine Kollegin Kummer hat, erkennt sie dies sofort und kümmert sich um die betreffende Person. Zudem ist sie die Anlaufstelle für alle Sorgen und Nöte im Team und hilft mit Rat und Tat.

Regelmäßig bringt sie selbstgebackenen Kuchen in einer Menge mit, sodass sogar ganze Kompanien damit versorgt werden könnten. Ein Teil ihrer Arbeitszeit geht drauf, indem sie sich täglich mit den anderen Teammitgliedern austauscht. Allerdings bekommt sie auch sehr schnell atmosphärische Störungen im Team mit, die bei entsprechender Aufmerksamkeit schnell wieder beseitigt werden können.

Die Büro-Mama ist in der Regel eine der beliebtesten Mitarbeiterinnen im Team und besitzt ein großes Herz. Dadurch läuft sie jedoch auch Gefahr, von anderen ausgenutzt zu werden. Dennoch hängt sie emotional sehr stark an „ihrem" Team, das ihre berufliche Familie darstellt und verlässt dieses niemals freiwillig.

Empfehlung: Diese Kollegin zeichnet sich besonders durch sehr große Hilfsbereitschaft aus, für die sie jedoch nur selten einen Dank oder ein Lob bekommt. Aus diesem Grund sollten Sie ihr die entsprechende Wertschätzung entgegenbringen und sie auch einmal zum Beispiel bei einer Betriebsfeier durch den Chef loben lassen.

Außerdem ist sie bei der Beseitigung von zwischenmenschlichen Störungen im Team eine ganz wichtige Verbündete, da sie die Spannungen frühzeitig mitbekommt und Sie gemeinsam mit ihr gegensteuern können.

Die Gute-Laune-Fee

Wenn die Stimmung im Team gedrückt oder die eigene Tagesform nicht gerade die beste ist, dann kommt diese Kollegin ins Spiel. Schon ihr sehr freundliches „Guten Morgen" und ihr strahlendes Lächeln lassen Gewitterwolken verschwinden und ihre gute Laune steckt an.

Sie ist ein Mensch, der jeder Situation ohne Ausnahme etwas Positives abgewinnt und dies konsequent tut. Mit ihrer unerschütterlichen positiven und warmen Ausstrahlung schafft sie es, im größten Durcheinander die Stimmung im Team zu heben.

Sogar die Morgenmuffel im Team halten ihre schlechte Laune nicht lange durch, wenn sie auf der Bildfläche erscheint und sie mit ihrem Lächeln und ihrer positiven Lebenseinstellung ansteckt.

Empfehlung: Mit einer solchen Kollegin oder einem solchen Kollegen zusammenarbeiten zu dürfen, macht jeden Tag aufs Neue Spaß. Genießen Sie den Umgang mit ihr/ihm und schenken Sie auch ihr oder ihm ein Lächeln.

Der Schleimer

Das oberste Ziel eines Schleimers ist es, beim Chef gut angeschrieben zu sein. Da greift er auch zu allen Mitteln, die aus seiner Sicht dabei hilfreich sein könnten. So bekommt sein Chef bei jeder sich bietenden Gelegenheit ein Lob für seine Entscheidungen und seine Beschlüsse werden bejubelt.

Er gibt seinem Chef immer recht, auch wenn seine persönliche Meinung eine andere ist. Davon verspricht er sich einen Karrieresprung oder auch eine bevorzugte Behandlung. Sein Rückgrat gleicht einer Knetmasse, die sich in jede beliebige Richtung verbiegen lässt. Mit seinem Verhalten nervt er seine Teamkollegen gewaltig und überzeugt nicht immer durch die eigene Leistung.

Zu einem solchen Teamkollegen, der es in einem Meeting wieder einmal zu bunt getrieben hatte, sagte ich anschließend: „Auf deiner Schleimspur könnte ich ja glatt ausrutschen, wenn ich nicht Schuhe mit einem starken Profil tragen würde." Ich glaube, er hat es bis heute nicht verstanden, was ich ihm in diesem Moment tatsächlich mitteilen wollte.

Empfehlung: Unterschätzen Sie diesen Kollegentyp nie, denn dieser ist dem Chef gegenüber meist eine freiwillige Auskunftsperson. Er verspricht sich Vorteile davon, wenn er dem Chef Informationen geben kann, die dieser noch nicht hat.

Aus diesem Grund sollten Sie sich gut überlegen, was sie ihm anvertrauen. Das Gute daran ist, dass ein Chef meistens sehr schnell einen Schleimer erkennt und genauso von ihm genervt ist wie alle anderen im Team. Außerdem, überzeugen Sie durch Ihre persönliche Leistung und Sie punkten automatisch.

Der Pedant

Erkennbar ist dieser Kollegentyp schon an seinem penibel sauberen Schreibtisch. Chaos herrscht dort nicht, denn alles hat seinen festen Platz. So sind alle Kugelschreiber im rechten Winkel zur Schreibtischkante ausgerichtet und ansonsten herrscht dort vorbildliche Ordnung.

Dass an diesem Arbeitsplatz gearbeitet wird, ist auf den ersten Blick nicht erkennbar. Er neigt besonders zu übertriebener Sorgfalt und alles muss bis in das kleinste und letzte Detail stimmen – er ist ein Ameisentätowierer.

Mut zur Lücke oder das Pareto-Prinzip sind ihm völlig fremd. Dabei ist er von seinem Arbeitsstil vollkommen überzeugt und will sogar andere Kollegen davon überzeugen, genauso zu arbeiten. Für seine Kontrollsucht benötigt er viel Zeit, denn er kontrolliert jeden seiner Aufträge mehrfach, um Fehler bei der Erledigung auszuschließen. Seiner Umgebung trampelt er gehörig auf den Nerven herum und die Ungeduld seiner Kollegen ist für ihn nicht nachvollziehbar.

Empfehlung: Ändern wird sich dieser Mensch mit großer Wahrscheinlichkeit nicht und sofern Sie mit ihm zusammenarbeiten müssen, sollten Sie auch vermeiden, sein System zu kritisieren. Das ist für ihn das einzig funktionierende System. Wenn der pedantische Kollege nicht gerade Ihr Chef ist, dann schenken Sie ihm einfach ein freundliches Lächeln und machen weiter wie bisher.

Der Anmachtyp und die Flirtbiene

Der Anmachtyp hält sich selbst für unwiderstehlich und für den tollsten Hecht im Teich. Keine Vertreterin des weiblichen Geschlechts schafft es, seiner Anziehungskraft zu entfliehen – zumindest nach seiner eigenen Meinung.

Bei jedem Gespräch lässt er keine Gelegenheit aus, die anwesenden Damen mit Komplimenten zu überhäufen, wie toll sie doch aussehen und ob sie mit ihm zu Mittag essen gehen wollen. Seiner Meinung nach sind ja alle Frauen verrückt nach ihm.

Das weibliche Gegenstück hierzu ist die Flirtbiene. Keine Gelegenheit wird ausgelassen, um einem männlichen Exemplar ihrer Gattung schöne Augen zu machen oder mit ihm zu flirten. Dabei setzt sie sich gekonnt in Pose und zupft verführerisch am Ausschnitt, um nicht übersehen zu werden.

Von ihr kann jede Frau den gekonnten verführerischen Augenaufschlag lernen, der in der Tat bei einigen männlichen Exemplaren seine Wirkung nicht verfehlt. Auch sie hält sich für unwiderstehlich und für ein Geschenk an die Menschheit.

Empfehlung: Hier hilft nur eines – holen Sie ihn oder sie auf den Boden der Tatsachen zurück und machen Sie unmissverständlich klar, dass Sie einen sachlichen und professionellen Umgang erwarten! Gelegentlich ist es auch hilfreich, sich selbst außerhalb der Reichweite des Anmachtyps oder der Flirtbiene in Sicherheit zu bringen.

Der Choleriker

Von null auf hundert in einer Sekunde – das ist machbar. Dieser Kollegentyp fällt hauptsächlich durch sein sehr hitziges Temperament auf, das dazu führt, dass er bei Kleinigkeiten ausrastet, laut schreit und die Kontrolle über sich selbst verliert.

Seine direkte Umgebung beglückt er regelmäßig mit Schimpftiraden und Wutanfällen. Zu überhören ist er auf jeden Fall nicht. Allerdings gehört er zu den Zeitgenossen, die das Arbeitsklima beeinträchtigen und seine Teamkollegen mit seinem Verhalten gewaltig nervt.

In meinem allerersten Team als Führungskraft hatte ich einen Mitarbeiter, der den Spitznamen „Zündschnur" trug. Als mir das zu Ohren kam, wunderte ich mich darüber (ich war noch jung und unerfahren).

Bereits innerhalb meiner ersten Arbeitswoche fand ich unfreiwillig heraus, was die Ursache für diesen Spitznamen war. Regelmäßig konnte ich ihn aus dem auf dem Flur gegenüberliegenden Raum bis in mein Büro hören und jedes einzelne Wort verstehen – trotz geschlossener Türen. In diesen Momenten wusste ich, dass der Spitzname nicht übertrieben war.

Empfehlung: Wenn ein Choleriker sich so richtig in Rasche befindet, stehen Ihre Chancen gering, in diesem Zustand mit vernünftigen und beruhigenden Worten bis zu ihm durchzudringen. Sobald er sich wieder beruhigt hat, können Sie mit ihm unter vier Augen ein Gespräch führen und ihm deutlich klarmachen, dass er sein Verhalten ändern muss.

Falls das nichts hilft, sollten Sie den Chef einschalten. Bis eine Verbesserung der Situation eintritt, gehen Sie ihm am besten aus dem Weg und reduzieren die Kontakte zu ihm auf das unbedingt notwendigste Maß.

Der Alleinunterhalter

Dieser Kollegentyp braucht viele Zuhörer, denn er ist nie um einen Scherz oder Witz verlegen. Dabei verfügt er meist über eine große Portion Selbstironie und Schlagfertigkeit. Er unterhält seine gesamte Umgebung mit lustigen Anekdoten aus seinem Leben und seiner Vergangenheit.

Falls er über eine sehr bildhafte Sprache verfügt, werden Sie regelmäßig vor Lachen unter dem Tisch liegen. Im Team zeigt er sich als einen freundlichen und kollegialen Vertreter seiner Art.

Bei Betriebsfeiern oder privaten Verabredungen läuft er zu seiner Hochform auf und zeigt verbale Höchstleistungen. Er geht davon aus, dass sein Publikum entsprechende Erwartungen an ihn stellt und schließlich will er seine Zuhörer nicht enttäuschen.

Dieser Kollegentyp ist meist sehr unterhaltsam, hält gerne andere vom Arbeiten ab und falls er zu Übertreibungen neigt, kann er eine ausgesprochene Nervensäge sein.

Empfehlung: Sofern der Alleinunterhalter weiß, wann er auch mal still sein muss, stellt er eine unterhaltsame Abwechslung dar und er sollte keine Sonderbehandlung im Team erhalten. Falls er jedoch durch seine Anekdoten regelmäßig alle anderen im Team stört und mit seiner Selbstdarstellung über das Ziel schießt, hilft nur ein persönliches Gespräch mit klaren Worten weiter.

Das Faultier

Solch ein Kollege erledigt das, was er muss, aber auch nicht mehr. Dabei achtet er genau auf die Einhaltung seiner Arbeitszeit und geht sofort in Deckung, wenn es um Zusatzaufgaben geht. Ihm ist es lieber, wenn die anderen im Team die Arbeit machen und ihn plagt dabei auch gar kein schlechtes Gewissen. Dass die Kollegen sich ausgenutzt fühlen, lässt ihn völlig kalt.

Sein oberstes Ziel liegt darin, seine Arbeitszeit so angenehm und ruhig wie möglich zu gestalten. Am Abend von der Arbeit erschöpft zu sein, ist schließlich nicht erstrebenswert, wenn noch seine Hobbys auf ihn warten, die deutlich wichtiger sind.

So ein Kollegentyp kann das ganze Klima in einem Team gefährden, da sich die anderen Kollegen fragen, weshalb sie sich anstrengen und er im Gegenzug so einfach mit seiner Faulheit durchkommt. Auf Dauer bringt das die engagierten Mitarbeiter in einem Team gewaltig in Rage.

Dabei verhält sich dieser Kollegentyp meist aalglatt, indem er seine ihm übertragenen Aufgaben erledigt und keine großen Angriffsflächen liefert. Die Zeitdauer, die er zur Aufgabenerledigung braucht, liegt meistens deutlich über dem Durchschnitt, aber was ist schon Geschwindigkeit.

Will ihm der Chef etwa vorwerfen, dass er eben etwas länger braucht, aber dennoch seine Aufträge erledigt – die Menschen sind nun mal verschieden. Kurz gesagt, so ein faules Ei im Team zu haben, stellt für alle Beteiligten eine Herausforderung dar.

<u>Empfehlung:</u> Dieser Kollegentyp braucht neben einer klaren Führung durch den Chef fest definierte Ziele, konkrete Terminvorgaben und klar abgegrenzte Aufgaben.

Persönliche Gespräche mit diesem Kollegentyp, bei dem ihm deutlich sein Verhalten und dessen Folgen aufgezeigt werden, können eine geringfügige Verbesserung darstellen – mehr aber auch nicht. Auf Dauer hilft hier nur die Lösung, dass dieser Kollege das Team verlässt.

Der alte Hase

Dieser Kollegentyp ist bereits lange im Unternehmen und hat schon vieles erlebt. Dabei hat er auch manche Restrukturierungs- und Personalkürzungsmaßnahme sowie gute und schlechte Zeiten miterlebt.

Er verfügt über sehr viel Wissen und Erfahrung, von der das ganze Team profitiert. Dadurch eignet er sich auch gut für die Einarbeitung neuer Kollegen. Da er bereits viel erlebt und überlebt hat, strahlt er meist eine ausgeprägte innere Ruhe und Gelassenheit aus.

In der heutigen Zeit des Jugendwahns läuft dieser Kollegentyp sehr schnell Gefahr, gegen jüngere Mitarbeiter ausgetauscht zu werden. Allerdings macht gerade eine gesunde Mischung aus jungen und älteren Mitarbeitern ein erfolgreiches Team aus, denn sie ergänzen sich gegenseitig und können viel voneinander lernen. Eine Kombination aus jungen Mitarbeitern mit neuen und frischen Ideen sowie älteren Mitarbeitern mit jeder Menge Erfahrung bereichern jedes Unternehmen.

Jede Führungskraft sollte sich gut überlegen, ob sie die alten Hasen durch geringschätzige Behandlung demotivieren und deren Leistungsfähigkeit reduzieren will. Sie könnten noch gebraucht werden ...

Empfehlung: Von alten Hasen und Häschen können Sie viel lernen und erfahren, sofern Sie diese respektvoll behandeln. Ergänzen Sie sich gegenseitig, indem Sie Ihr Wissen und Ihre Ideen auch mit ihnen teilen.

Der Blender

Dieser etwas schwierige Zeitgenosse beherrscht die Vermarktung seiner eigenen Person am besten. Dabei überdeckt er seine persönlichen Unzulänglichkeiten geschickt mit einem guten Selbstmarketing. Reden kann er sehr gut – wenn er nur alles so gut könnte.

Sein Ziel ist der eigene Aufstieg auf der Karriereleiter und sein persönlicher Ruhm. Dabei schreckt er auch nicht davor zurück, sich mit fremden Federn zu schmücken und zum Beispiel die Ergebnispräsentation eines Kollegen als seine eigene auszugeben. Im Team ist dieser Kollegentyp alles andere als beliebt und trägt nicht wirklich zu einem guten Betriebsklima bei.

In einem Projekt durfte ich einmal ein ganzes Jahr lang sehr eng mit einem typischen Blender zusammenarbeiten. Diese Zeit war auf jeden Fall sehr abwechslungsreich und nicht langweilig, denn zwischen uns sind ständig verbal die Fetzen geflogen.

Da mein Gerechtigkeitssinn sehr ausgeprägt ist, hat mir sein Schaulaufen mit meinen Ergebnissen nicht gefallen. Aus diesem Grund fanden zwischen uns unzählige Vier-Augen-Gespräche statt, um ihn immer wieder in die Spur zu bringen.

Am Ende unserer Zusammenarbeit meinte er nur, dass ich Haare auf den Zähnen hätte. Ich antwortete ihm: „An manchen Tagen versagt eben mein Rasierapparat." (In Gedanken fügte ich noch hinzu: „Vor allem in seiner Gegenwart!")

Empfehlung: Kontern Sie sein Schaulaufen durch konkrete Zahlen, Daten, Fakten und entlarven Sie seine Schwachstellen. Überzeugen Sie durch Ihre eigene Leistung. Um regelmäßige persönliche Gespräche mit deutlichen und klaren Worten mit ihm werden Sie nicht umhinkommen.

„Das schwarze Brett"

Für diesen Kollegentyp sind Verschwiegenheit und Diskretion Fremdwörter. Den höchsten Reiz besitzen für ihn Informationen mit dem Prädikat „vertraulich". Falls Sie ihm solche Details anvertrauen, können Sie diese gleich selbst schriftlich an das schwarze Brett in der Abteilung hängen. Denn dieselbe Funktion erfüllt dieser Kollegentyp auch.

Ihm entgeht nichts im Team, denn seine Ohren sind ständig gespitzt und hören die leisesten Gespräche mit. Auch schriftliche Informationen, die achtlos auf einem Schreibtisch liegen, entgehen seinem trainierten Adlerauge nicht.

Diese im Vorbeigehen aufgeschnappten „News" werden durch eigene Interpretationen und Ausschmückungen aufpoliert und sofort in Umlauf gebracht – einen zeitlichen Verzug gibt es hierbei nicht. Ach ja, und natürlich wird alles ausschließlich und ausdrücklich unter dem Siegel der Verschwiegenheit publiziert.

Empfehlung: Bei solchen Kollegen/innen sollten Sie vermeiden, sich diese zum Feind zu machen, denn ansonsten ist Ihr ganzes berufliches Leben der Öffentlichkeit preisgegeben. Außerdem rate ich Ihnen, nur Informationen an solche Personen weiterzugeben, die auch andere wissen dürfen, denn sie können ja nichts für sich behalten.

Auch persönliche Gespräche bringen hier keine Verbesserungen - diese Menschen können anscheinend nicht anders. Allerdings sind sie das ideale Medium, um gezielt und schnell Informationen in die Runde zu streuen, die jeder innerhalb und außerhalb des Teams zeitnah wissen sollte.

Die Zicke

Zicken können weiblich und männlich sein, das Geschlecht spielt dabei keine Rolle und beide Exemplare nerven ihre Umgebung gewaltig. Bei einer Zicke kommt es extrem auf die jeweilige Tagesform an, denn sie sind sehr launisch und eigensinnig. Unter mangelndem Selbstvertrauen leidet sie ebenfalls nicht.

Sie hat Spaß daran, über andere zu lästern und Fehler bei anderen aufzudecken. Mit ihrer schlechten Laune kann sie schon mal den Kollegen im Team den Tag verderben, denn für ihren Tonfall braucht man in diesen Phasen schon sehr gute Nerven.

Dabei beherrscht sie das ganze Repertoire an verbalen Unverschämtheiten sowie an mimischer Ausdrucksfähigkeit. Ein gezieltes Stirnrunzeln oder das Heben einer Augenbraue reichen schon aus, um ihr Gegenüber in Rage zu versetzen. Sie ist ein Meister darin, ihren Gesprächspartner in kürzester Zeit auf den höchsten Wipfel einer Palme zu befördern und dort zu belassen.

Einmal hatte ich das zweifelhafte Vergnügen, sechs lange Jahre Schreibtisch an Schreibtisch mit einer solchen Kollegin zusammenarbeiten zu dürfen. Die vielen Oms pro Tag konnte ich nicht mehr zählen, die ich brauchte, um mich einigermaßen zu beruhigen. Irgendwann klappte ich buchstäblich meine Ohren ein und hörte der Kollegin einfach nicht mehr zu – das wirkte am besten.

Empfehlung: Hier hilft nur eines – ignorieren! Zicken haben nur dann Erfolg, wenn Sie es zulassen, dass sie Einfluss auf Sie haben. Nur dann können sie ihr volles Potenzial als Spaßbremse und Nervensäge ausschöpfen.

Der Nörgler

Dieser Kollegentyp ist ein typischer Vertreter der Fraktion, die ein Glas immer als halb leer ansieht. Für nichts kann er sich erwärmen und mäkelt an allem herum. Sämtliche Killerphrasen hat er parat und kritisiert für sein Leben gern. Er findet noch das kleinste Haar in der Suppe und mit seiner negativen Grundeinstellung macht er anderen das Leben ganz schön schwer.

Bei jedem Thema geht er in die Opposition, denn er findet immer etwas Negatives. Eigene Lösungsvorschläge bringt er so gut wie nie hervor, denn das ist ja schließlich die Aufgabe der anderen.

In meinem Berufsleben hatte ich so viel Kontakt mit nörgelnden Zeitgenossen (egal ob männlich oder weiblich), sodass ich mich an manchen Tagen schon wunderte, wie ich es schaffte, meine eigene positive Grundeinstellung beizubehalten.

Das klappte nur, indem ich mein persönliches „dickes Fell" intensivierte und meine Empfindlichkeit reduzierte. Ansonsten hätte ich vermutlich jeden Tag blutdrucksenkende Mittel einnehmen müssen, obwohl ich von Natur aus so etwas nicht benötige.

Empfehlung: Ein Nörgler zeigt auch tatsächlich vorhandene Schwachstellen auf. Entdecken Sie diese und Sie haben ein Verbesserungspotenzial, an dem gearbeitet werden kann.

Bei den unnötigen Nörgeleien fordern Sie von ihm konkrete Verbesserungsvorschläge ein. Achten Sie darauf, dass Sie nicht in seine Wiederholungsschleife geraten, denn spätestens dann brauchen auch Sie blutdrucksenkende Mittel.

Der Intrigant

Dieser Kollegentyp ist höchst gefährlich, denn er ist auf den ersten Blick nicht erkennbar. Im Gegenteil – häufig ist er sogar der liebe und nette Kollege am benachbarten Schreibtisch. Dabei ist er ein Meister im Streuen von Gerüchten, Lügen und Zweifeln. Schwächen von anderen werden sofort gnadenlos und ohne mit der Wimper zu zucken ausgenutzt

Da dies alles hinter vorgehaltener Hand erfolgt und hinter dem Rücken des Betreffenden stattfindet, hat dieser kaum eine Chance, rechtzeitig einzugreifen. Das Ziel ist eindeutig und klar - dem Betreffenden Schaden zuzufügen.

Das kann sogar bis zum Rufmord gehen, denn an Gerüchten ist ja schließlich immer ein Körnchen Wahrheit dran. So lautet zumindest die landläufige Meinung, unabhängig davon, ob es der Wahrheit entspricht.

Empfehlung: Liefern Sie ihm keine Munition, die er gegen Sie verwenden kann, denn er würde dies ohne Scham tun. Vermeiden Sie zudem jeglichen privaten Kontakt mit ihm.

Sofern der Intrigant eine starke Position im Team innehat, bleibt Ihnen nichts anderes übrig, als seine Behauptungen richtigzustellen und ihn als Intriganten aufzudecken. Je mehr davon wissen, umso weniger hat sein Wort Gewicht.

Der Macher

Er ist pragmatisch, umsetzungsstark und ergebnisorientiert. Jede Idee und jeden Auftrag geht er analytisch an, um diese schnell und effizient umzusetzen. Dabei diskutiert dieser Kollegentyp nicht lange, sondern packt jedes Problem sofort an. Auf sein Wort ist Verlass und seine Versprechen hält er konsequent ein.

Bei seiner Aufgabenerledigung geht er strukturiert und planvoll vor. Er erkennt sofort, was zu tun und zu erledigen ist. Überflüssige Themen sortiert er in Lichtgeschwindigkeit aus. Außerdem weiß er, entsprechende Freiräume bei der Umsetzung von Aufgaben zu schätzen und packt die Herausforderungen engagiert sowie eigenverantwortlich an.

Im Team ist er beliebt, weil er etwas voranbringt und nicht viel Gezeter darum macht. Solche Kollegen stellen eine Bereicherung für jedes Team dar und motivieren auch andere zu besseren Leistungen.

Empfehlung: Suchen Sie eine enge Zusammenarbeit mit ihm, denn sie können beide davon profitieren. Seine Effizienz, Umsetzungsstärke und Arbeitsgeschwindigkeit sind bewundernswert. Lassen Sie sich von ihm nicht einschüchtern, denn sein hohes Tempo kann schon mal irritieren.

Der besonnene Kritiker

Dieser Kollegentyp strahlt eine Ruhe aus, die beneidenswert ist. Ihn kann so schnell nichts aus der Fassung bringen. Er lässt sich auch in stürmischen Zeiten nicht durch die allgemeine Hektik oder durch übertriebene Euphorie anstecken. Dabei glänzt er durch sein Können und sein Wissen.

Er ist nicht immer der angenehmste Zeitgenosse, da er regelmäßig den Finger in die Wunde legt und kritische Einwände äußert. Allerdings bringt er diese sachlich, fair und nachvollziehbar vor.

Seine Stärke liegt nicht in der Kreativität oder in dem ständigen Produzieren von Ideen, denn das überlässt er lieber anderen, die hierzu ein ausgesprochenes Talent besitzen. Seine Meinung bringt wichtige Erkenntnisse, die es wert sind, Beachtung zu finden.

Empfehlung: Hören Sie ihm zu und denken Sie über seine Einwände nach. Die Erkenntnisse daraus können für Sie sehr hilfreich sein.

So groß wie die Vielfalt der Menschen ist, entsprechend zahlreich sind die verschiedenen Kollegentypen. Das Erkennen, mit wem Sie es zu tun haben und zusammenarbeiten, hilft Ihnen bei der täglichen Arbeit, sich professionell zu verhalten und Spannungen im Umgang miteinander zu reduzieren.

Dabei fällt kein Meister vom Himmel. Sondern nur durch das Lernen aus positiven und negativen Erfahrungen wird es Ihnen gelingen, sich hier weiterzuentwickeln. Aus diesem Grund rate ich Ihnen, seien Sie aufgeschlossen und halten Sie durch!

Kommunikationstipps

Die richtige Kommunikation ist die Voraussetzung für effektive Gespräche. Den ganzen Tag über reden und kommunizieren wir mit anderen Menschen und stehen in ständigem Dialog mit ihnen. Dabei geht es nicht nur um den Inhalt der Gespräche, sondern auch um die Vermittlung der Botschaften selbst.

Eine bedeutende Rolle spielen hierbei auch die Beziehungen der Kommunizierenden und der gesamte Prozess der Kommunikation. Diese Faktoren zusammen bestimmen, wie erfolgreich Kommunikation ist.

Beim Kommunizieren gibt es immer einen Sender und einen Empfänger, die nicht immer dasselbe verstehen, da sie die gesprochenen Worte unterschiedlich aufnehmen und interpretieren. Auch die nonverbale Kommunikation spielt dabei eine Rolle und kann mitunter zu Missverständnissen führen.

Zu dem Thema Kommunikation half mir persönlich ein Workshop zu Beginn meiner Führungskarriere weiter, bei dem sich alles um das Thema Dialogmanagement drehte. Die darin vorgestellten Techniken wandte ich anschließend in der Praxis regelmäßig mit Erfolg an. Die wichtigsten Themen daraus werden auf den nachfolgenden Seiten beschrieben.

Die vier Seiten einer Nachricht

Eine Nachricht besteht nach Friedemann Schulz von Thun aus vier Seiten:

Sachebene, Selbstoffenbarungsebene, Beziehungsebene, Appellebene

Diese vier Seiten werden im Folgenden an einem Beispiel dargestellt. Sicherlich ist Ihnen diese Situation bekannt: In einem Auto stehen eine Frau und ein Mann an einer grünen Ampel, wobei die Frau das Fahrzeug steuert. Der Mann als Beifahrer sagt: „Grüner wird es nicht mehr."

Was sind hier nun die vier Seiten dieser Nachricht?

Die Sachebene besagt, dass die Ampelfarbe grün ist. Gut, das ist eindeutig und ist an der Ampel sichtbar.

Die Selbstoffenbarungsebene vermittelt Informationen über die Person des Senders. In diesem Fall bedeutet dies, dass der Beifahrer nicht schläft, sondern wachsam das Geschehen verfolgt und nicht unter Rotgrünblindheit leidet.

Die Beziehungsebene zeigt auf, wie der Sender und der Empfänger zueinander stehen und was der Sender vom Empfänger hält. In diesem Fall schätzt der Beifahrer die Frau am Lenkrad als unterstützungsbedürftig ein. Aus diesem Grund will er der Fahrerin Hilfestellung hinsichtlich der Ampelfarbe geben.

Die Appellebene beinhaltet, zu was der Sender den Empfänger veranlassen möchte. In unserem Beispiel könnte der Appell lauten: „Na, mach schon und fahr endlich zu." Eine Ampel mit der Farbe Supergrün gibt es nicht." Die Nachricht soll somit den Empfänger veranlassen, schneller zu reagieren und zu fahren, wobei der Appell meist nicht offensichtlich, sondern versteckt ist, da dieser nicht direkt ausgesprochen wird.

In der Praxis wünscht sich die Frau am Steuer an dieser Stelle meist, dass der Beifahrersitz in ihrem Auto mit einer Schleudersitzfunktion ausgestattet wäre, die sie nun auslösen könnte. Meine persönlichen Erfahrungen gehen in eine ähnliche Richtung, nur dass bei uns die Rollen vertauscht sind.

Da ich der flottere Autofahrer als mein Mann bin, sage ich gelegentlich zu ihm diesen Satz: „Grüner wird es nicht mehr". In diesen Momenten bin ich allerdings sehr froh darüber, dass unser Auto ebenfalls nicht über eine Schleudersitzfunktion verfügt, da ich ansonsten ab und zu nach Hause laufen müsste.

Aus dem Beispiel ist ersichtlich, dass eine Nachricht somit aus mehreren Botschaften besteht, die nicht alle ausgesprochen werden, jedoch vorhanden sind und wahrgenommen werden sollten.

Falls die über die Beziehungs- oder Appellebene gesendete Botschaft den Empfänger emotional bereits auf den obersten Wipfel einer Palme befördert hat, haben Sie kaum noch eine Chance, dass dieser die eigentliche

Sachbotschaft wahrnimmt. Deshalb kann ich Ihnen nur empfehlen, vermeiden Sie diesen Fehler, sofern er nicht in Ihrer Absicht liegt!

Die nonverbale Kommunikation

Unsere zwischenmenschliche Kommunikation setzt sich aus der verbalen und der nonverbalen Kommunikation zusammen, wobei die verbale Kommunikation durch unsere Sprache abgedeckt wird.

Im Gegenzug hierzu besteht die nonverbale Kommunikation aus der Körpersprache, die sich in Mimik, Gestik und Ausstrahlung äußert und meist unbewusst eingesetzt wird.

Allerdings kommt es bei der Interpretation der nonverbalen Kommunikation häufig zu Missverständnissen, da diese nicht immer eindeutig ist und aus keinen Worten besteht. Zudem werden Gefühle oft nonverbal gesendet und weniger mit Worten zum Ausdruck gebracht.

Was sind die wichtigsten nonverbalen Zeichen?

Armhaltung: Geöffnete Arme senden Signale für eine positive Einstellung und vor der Brust gekreuzte Arme für eine negative. Allerdings ist darauf zu achten, wie hoch die Raumtemperatur ist, denn dieser ist gerade bei Frauen auch ein Verschränken der Arme geschuldet.

So stellte ich an mir selbst fest, dass ich in manchen Meetings, in denen mir kalt war, häufig die Arme vor der Brust verschränkte, obwohl ich keine ablehnende Haltung dem Vortragenden gegenüber einnahm. Hier hätte es zu einer Fehlinterpretation meiner Körperhaltung kommen können.

Kopf: Ein Lächeln und ein zugeneigter Kopf senden Signale für eine positive Einstellung aus. Ein vorgeschobener Kopf, ein Kratzen am Kopf oder das Aufstützen auf den Armen signalisieren dabei eher eine negative Einstellung.

Wichtig ist dabei, auch zu wissen, dass ein höfliches Lächeln bei Frauen nicht automatisch deren Zustimmung zum Gesagten bedeutet. Hier kann es ebenfalls zu Missverständnissen kommen und es empfiehlt sich, konkret nach der Zustimmung nachzufragen.

Augen: Blickkontakt oder der Blick auf die Lippen des Gesprächspartners signalisiert Interesse und Aufmerksamkeit. Das Gegenteil drückt folgende Körpersprache aus: Skeptisch über die Brille schauen, Blick zur Decke, das Betrachten der Fingernägel, unruhig umherschweifender Blick, der ständige Blick auf das Smartphone oder Tablet/Laptop.

Füße und Hände: Eine ruhige Haltung der Füße und Hände signalisiert eine positive Einstellung. Das ständige Wippen mit den Füßen oder das Trommeln mit dem Kugelschreiber oder den Fingern auf der Tischplatte signalisieren das Gegenteil, sofern es sich bei dem Gesprächspartner nicht um einen sogenannten Zappelphilipp handelt, der dies immer tut.

Darüber hinaus gibt es noch viele weitere Signale der Körpersprache, die in entsprechender Fachliteratur nachgelesen werden können. Entscheidend ist jedoch, darauf zu achten und die Signale bewusst wahrzunehmen. Versuchen Sie es bei Ihrem nächsten Meeting – Sie werden erstaunt sein, was Sie alles nonverbal erfahren können!

Aktives Zuhören

Aktives Zuhören dient dem spannungsfreien und effizienten Gestalten von Gesprächen und besteht aus zwei Stufen. Die erste Stufe umfasst das Paraphrasieren – das Wiedergeben des Gesprächsinhalts mit eigenen Worten. Die zweite Stufe beinhaltet das Verbalisieren – Gefühle werden in Worte gefasst.

Stufe 1 - Paraphrasieren: Wichtig ist hierbei, sich auf die verbalen und nonverbalen Signale des Gesprächspartners zu konzentrieren, um aufmerksam wahrzunehmen, was der andere sagt, meint, beabsichtigt und erwartet. Im Anschluss wird der Inhalt der Mitteilung des Gesprächspartners mit eigenen Worten wiederholt, und zwar möglichst sinngleich, aber vor allem wertneutral.

Das Ziel ist es, ein besseres Verständnis der Gesprächspartner füreinander zu bekommen und sich selbst abzusichern, ob die Mitteilung des Gesprächspartners richtig verstanden worden ist.

Beispiele für eine Einstiegsformulierung zur Wiedergabe des Gesprächsinhalts können sein:

- Wenn ich Sie richtig verstanden habe, dann meinen Sie ...
- Habe ich richtig verstanden, dass ...
- Das bedeutet also, dass ...
- Mit anderen Worten ...
- Zusammengefasst meinen Sie ...
- Für Sie ist es also wichtig, dass ...

Mit diesen Formulierungen wird der Einstieg in Ihre persönliche Wiedergabe des Gehörten erleichtert.

Stufe 2 - Verbalisieren: Im Laufe eines Gesprächs stellen wir häufig anhand der Mimik und Gestik oder an der sprachlichen Betonung des Gesprächspartners fest, dass sich dieser emotional nicht in einem ausgeglichenen Zustand befindet.

Meist dominieren zu diesem Zeitpunkt die Gefühle des Senders und nicht mehr der Verstand sowie die sachliche Ebene. Damit wird jedoch häufig der Erfolg des Gesprächs und die Möglichkeit zur Problemlösung gefährdet.

Wichtig ist es nun, die Gefühle und Bedürfnisse, die Sie den Worten und der Körpersprache des Gesprächspartners entnehmen können, anzunehmen und diese auch anzusprechen. Durch das in Wortefassen von Gefühlen erreichen Sie das Ziel, dem Gesprächspartner zu helfen, negative Gefühle zu neutralisieren und angenehme Gefühle bewusst zu machen, um dadurch konstruktiv denken zu können.

Dabei ist jedoch darauf zu achten, dass die Gefühle des anderen als Feststellung angesprochen werden und nicht als Fragestellung. Ihr Gesprächspartner könnte ansonsten den Eindruck gewinnen, dass Sie ihn und seine Gefühle nicht ernst nehmen.

Voraussetzung hierfür ist jedoch, dass Sie den Gesprächspartner akzeptieren und ein einfühlendes Verständnis für den anderen mitbringen. Außerdem benötigen Sie für solche Gespräche Zeit und Geduld und können diese nicht zwischen Tür und Angel führen.

Beispiel:
Sender: „Es macht keinen Sinn, sich hier einzubringen und zu engagieren."

Empfänger: „Ich habe den Eindruck, dass Sie frustriert und entmutigt sind."

Beispiele für eine Einstiegsformulierung zum Ansprechen von Gefühlen können sein:

- Hört sich an, als ob Sie sich gehetzt fühlen
- Ich habe den Eindruck, dass Sie unzufrieden sind
- Sieht aus, als ob Sie verärgert sind
- Sie scheinen, gestresst zu sein

An dieser Stelle ist nun die Tür geöffnet, um die Dinge sachlich anzusprechen, weshalb der Sender zum Beispiel frustriert ist, und um gemeinsam nach konkreten Lösungen zu suchen. Probieren Sie es einfach mal aus!

Vorwurfsfrei konfrontieren

Im Geschäftsleben passiert es häufig, dass Sie mit dem Verhalten oder einer Leistung Ihrer Kollegen oder Mitarbeiter nicht zufrieden sind. Sofern Sie diese nicht ansprechen oder in der falschen Art und Weise ansprechen, können Sie sehr schnell in eine emotionale Situation mit negativen Gefühlen geraten. Eines ist jedenfalls sicher, sofern mindestens einer von zwei Gesprächspartnern verärgert ist, steht der Erfolg des Gesprächs auf der Kippe.

Wann sind Sie erfolgreich?

Für Ihren Gesprächspartner ist Ihre Gefühlsbotschaft erst dann annehmbar und nachvollziehbar, wenn Sie begründen, wodurch dieses Gefühl bei Ihnen ausgelöst worden ist und die Begründung keinen Vorwurf enthält.

Zudem sollte Ihr Zuhörer nicht in eine Verteidigungshaltung gedrängt werden oder sich verletzt fühlen. Er ist dann eher bereit, sein Verhalten zu überdenken und möglicherweise in die gewünschte Richtung zu verändern. Mit der dreiteiligen Ich-Botschaft" gelingt es Ihnen, Ihren Gesprächspartner vorwurfsfrei zu konfrontieren.

Bestandteile der dreiteiligen Ich-Botschaft:
1. Konkrete und vorwurfsfreie Beschreibung des Verhaltens des anderen
2. Für mich spürbare Folgen
3. Dadurch bei mir ausgelöstes Gefühl

Beispiel:
1. Während ich konzentriert an der Erstellung meiner Präsentation gearbeitet habe, haben Sie mich mehrfach angesprochen und unterbrochen.
2. Dadurch komme ich mit der Bearbeitung nicht voran und gerate unter Zeitdruck.
3. Das macht mich nervös und aggressiv.

Mittels dieser Methode gelingt es Ihnen, eine wirksame Konfrontationsbotschaft aufzubauen, indem Sie Ihre eigenen Bedürfnisse offenlegen, ihre eigenen Emotionen klar benennen und abbauen sowie eine Verhaltensänderung bei Ihrem Gegenüber erreichen.

Verwenden Sie dabei im Gespräch die Ich-Botschaft und schildern Sie dabei, was in Ihnen vorgeht, was Sie beschäftigt usw. Vermeiden Sie Du-Botschaften, denn dadurch steigt das Risiko, dass sich Ihr Gesprächspartner schnell verletzt und mit Vorwürfen konfrontiert sieht.

Durch die vorwurfsfreie Konfrontation ist Ihre Chance, bei Ihrem Gesprächspartner eine Verhaltensänderung zu erreichen sehr hoch, da dieser nicht verletzt worden ist und Ihre Beweggründe nachvollziehen kann. An dieser Stelle gelingt es Ihnen auch sehr einfach, das gewünschte

Verhalten für die Zukunft anzusprechen, ohne dass Ihr Gegenüber sofort beleidigt reagiert. Übrigens diese Methode funktioniert im Geschäfts- wie auch im Privatleben. Testen Sie es!

Spannungsfrei diskutieren

Bei einer Diskussion prallen üblicherweise unterschiedliche Meinungen zu einem bestimmten Thema aufeinander. Dieses Gespräch dient dazu, sich über diese verschiedenen Meinungen mit Argumenten auszutauschen und ein gemeinsames Verständnis zu den unterschiedlichen Positionen zu erhalten, mit dem Ziel, die anderen Gesprächspartner von der eigenen Meinung zu überzeugen.

Das ist leichter gesagt als getan, insbesondere wenn dabei die Emotionen hochkochen und das ganze Gespräch in einem hitzigen Wortgefecht endet. Der anschließende Scherbenhaufen kann mitunter schon sehr groß sein. Eventuell wird die Diskussion sogar ohne ein konkretes Ergebnis beendet, was wiederum nicht zweckdienlich ist.

An dieser Stelle helfen ein paar Gesprächsregeln weiter, die bei der praktischen Durchführung einer Diskussion sehr nützlich sind. Dann klappt es auch mit einer Einigung auf ein konkretes Ergebnis oder auf einen Kompromiss. Wie lauten diese Regeln?

Nur einer spricht und nicht mehrere gleichzeitig. Sofern mehr als eine Person spricht, versteht kaum noch jemand aus der Gesprächsrunde die Argumente der anderen. Keiner weiß mehr, was der andere meinte oder wollte und somit entstehen sehr leicht Missverständnisse. Außerdem verhindert der Lärmpegel ebenfalls, sich gegenseitig zu verstehen.

Die anderen ausreden lassen. Ihre eigene Meinung und Argumente kennen Sie bereits, die der anderen jedoch noch nicht. Außerdem können Sie erst richtig antworten, wenn Sie den ganzen Sachverhalt Ihres Diskussionspartners kennen und sich seine Argumente angehört haben.

Zudem ist das regelmäßige Unterbrechen des Gesprächspartners eine ganz sichere Methode dafür, diesen sehr zu verärgern und ein hitziges Wortgefecht auszulösen.

Aktiv zuhören. Das aufmerksame Zuhören in einer Diskussion ist Voraussetzung für deren Gelingen. Dabei hilft es mitzudenken, das Gehörte kurz zusammenzufassen und nachzufragen, wenn Sie etwas nicht verstehen.

Emotionen im Griff halten und sachlich bleiben. Der beste Weg zum Erfolg einer Diskussion ist, wenn alle Gesprächspartner sachlich bleiben. Gegenseitige Beleidigungen verletzen nur die anderen Gesprächspartner und führen dazu, dass es nicht mehr um das eigentliche Sachthema geht.

Dabei sollten auch persönliche Dinge keine Rolle spielen wie zum Beispiel, ob Ihnen die Frisur oder die Kleidung des Diskussionspartners gefallen oder nicht. Gerade diese Punkte sollten keinen Einfluss auf die Art der Diskussion haben.

Sollten die Gemüter sich dennoch einmal erhitzen, was sich nicht immer vermeiden lässt, hat es noch keinen Gesprächspartner umgebracht, wenn er sich entschuldigt und wieder zum Thema zurückkehrt.

Sich auf den Vorredner beziehen. Eine Diskussion ist nicht die Plattform dafür, sich selbst darzustellen, wie toll man selbst und die eigenen Argumente sind. Das bedeutet, dass die Argumente der anderen Gesprächspartner nicht einfach nur „zerrissen" werden, sondern dass auch auf diese eingegangen wird.

Außerdem können von mehreren Diskussionspartnern interessante und hilfreiche Aspekte vorgebracht werden, auf die Sie sich beziehen können und die Ihnen bei Ihren eigenen Argumenten helfen.

Nicht abschweifen, sondern beim Thema bleiben. Es passiert oft sehr leicht, dass ein Diskussionspartner vom Hundertsten zum Tausendsten gelangt und dabei das eigentliche Thema aus den Augen verliert.

Zielführend ist dies nicht, da dadurch nur Verwirrung entsteht und meist der Unmut der anderen Gesprächspartner gesteigert wird. Der erfolgreichere Weg ist es, beim eigentlichen Thema zu bleiben und eventuell andere wichtige Aspekte und Themen separat zu behandeln.

Fundiert argumentieren. Die eigene Meinung oder Behauptung vorzustellen, geht am einfachsten, wenn dabei eine sinnvolle Begründung verwendet wird. Diese Begründung kann auf persönlichen Erfahrungen, Expertenmeinungen, Studienergebnissen, wissenschaftlichen Untersuchungen usw. basieren.

Das Schildern von konkreten Beispielen ist ebenfalls sehr hilfreich, da sich dann die Diskussionspartner auch vorstellen können, was Sie meinen und von was Sie diese überzeugen wollen.

Ich-Botschaften anstatt Du-Botschaften verwenden. Ihre eigenen Argumente kennen Sie am besten und über diese können Sie in einer Ich-Botschaft reden, denn Sie sprechen ja darüber, was Sie denken oder fühlen usw.

Wenn Sie Du-Botschaften verwenden, laufen Sie sehr schnell Gefahr, dass Ihr Gesprächspartner meint, dass Sie ihm etwas unterstellen wollen, was nicht der Realität entspricht. Sie können schließlich nicht wissen, was dieser konkret denkt oder meint.

Durch die Verwendung von Ich-Botschaften haben Sie die Möglichkeit, die Diskussion ruhiger und konstruktiver zu gestalten, da sich die anderen Teilnehmer nicht angegriffen oder kritisiert fühlen.

Eine Diskussion läuft zielführender und effizienter ab, wenn diese Gesprächsregeln beachtet werden. Das Ergebnis einer Diskussion kann sein, dass sich die Beteiligten am Ende auf eine Meinung einigen, was jedoch nicht immer der Fall ist. Auch ein Kompromiss kann als Ergebnis feststehen und in manchen Fällen auch die Erkenntnis, dass keine Einigung zu erzielen ist.

Dennoch hatte jeder Diskussionspartner die Möglichkeit, seine eigene Meinung zu erläutern, die Meinungen der anderen kennenzulernen und darüber nachzudenken. Durch diesen fairen Meinungsaustausch haben alle Beteiligten am Ende die Möglichkeit, das Ergebnis mitzutragen – egal, welches Ergebnis nun zustande gekommen ist.

Der Problemlösungsprozess in vier Schritten

Probleme werden in der heutigen Zeit häufig als Herausforderungen bezeichnet, aber egal welcher Begriff verwendet wird, das Ziel ist es, das Problem sachlich und effizient zu lösen. Dabei ist eine strukturierte Vorgehensweise sehr hilfreich und vor allem von Erfolg gekrönt. Zudem lassen sich Probleme im Team leichter lösen als immer nur als Einzelkämpfer.

Falls ein Problem eine hohe Komplexität aufweist, bietet es sich an, das Thema in verschiedene kleinere Teilprobleme zu zerlegen, die einzeln betrachtet und bearbeitet werden können.

Dadurch reduziert sich auch das Gefühl, vor einem unüberwindbaren hohen Berg zu stehen, indem das Problem in kleinere, überschaubare „Hügel" aufgeteilt wird. Meistens müssen auch nicht alle Teilproblemstellungen zeitgleich angegangen werden, was sich durch die Aufteilung ebenfalls herauskristallisiert.

Wie sehen die vier Schritte des Problemlösungsprozesses aus?

Schritt 1 - WAS ist das Problem?

Zu Beginn heißt es, Informationen sammeln und das Problem so genau wie möglich zu beschreiben.

Schritt 2 - WELCHE Lösungen sind denkbar?

Hier sollten alle Lösungsvorschläge betrachtet und gesammelt werden.

Schritt 3 – WIE sieht die beste Lösung aus?

An dieser Stelle werden nun alle Lösungsvorschläge bewertet und eine Entscheidung für die beste und realisierbare Variante getroffen.

Schritt 4 - WER macht was bis wann?

Zu diesem Zeitpunkt werden die nächsten Schritte konkret geplant. Es wird festgelegt, wer welche Aufgabe übernimmt und zu welchem Termin die Erledigung erfolgen soll. Außerdem werden Nachfolgetermine festgelegt und welche Personen informell beteiligt werden sollen. Ach ja, und natürlich soll die Lösung umgesetzt werden.

Bei **Schritt eins** besteht das Ziel darin zu erkennen, worin konkret die Schwierigkeit besteht. Dabei sind Fragen hilfreich wie zum Beispiel, was funktioniert nicht, wann tritt die Störung auf, wer war beteiligt, was waren die Folgen?

Mit offenen Fragen (wer, wo, was, wann, wie usw.) werden möglichst viele Informationen gesammelt, um das Problem so genau wie möglich einzugrenzen bzw. zu beschreiben. An dieser Stelle ist es kontraproduktiv, bereits Lösungen vorzuschlagen oder Schuldzuweisungen vorzunehmen. Geschlossene Fragen, auf die Ihr Gegenüber nur mit Ja oder Nein antworten kann, sind zu vermeiden, da diese meist nicht zielführend sind und eine offene und partnerschaftliche Gesprächsführung erschweren.

Bei **Schritt zwei** ist es wichtig, dass mehrere mögliche Lösungsvorschläge gesucht werden. Dies geht am besten in einer kleinen Runde von Spezialisten, die alle bereit sind, ihr Fachwissen zu teilen und ihre Meinungen sowie Ideen offen zu äußern.

Übrigens – keine Idee ist zu diesem Zeitpunkt verboten. Im Gegenteil, jeder Lösungsvorschlag ist willkommen – auch ausgefallene. Kein Vorschlag wird zu diesem Zeitpunkt bewertet, kritisiert oder aussortiert. An dieser Stelle geht Quantität vor Qualität, denn die letzten Ideen sind oft die besten. Zudem können die Ideen der anderen gemeinsam weiterentwickelt und ergänzt werden.

Folgende Killerphrasen sind während der Sammlung von Lösungsalternativen zu vermeiden:

- Davon haben Sie keine Ahnung.
- Das lässt sich nicht durchsetzen.
- Das haben wir schon immer so gemacht.
- Meinen Sie das im Ernst?
- Die werden denken, wir sind nicht ganz dicht.
- Das sehen Sie völlig falsch.
- Dafür sind wir nicht zuständig.
- Das ist doch gar nicht machbar.
- Das ist doch viel zu teuer.

Bei **Schritt drei** werden nun die verschiedenen Lösungsalternativen bewertet und eine Entscheidung getroffen. Das Ziel ist es, sich für die optimale und realisierbare Lösung zu entscheiden.

Dabei wird jeder Vorschlag nach den gleichen Kriterien wie zum Beispiel Kosten, Geschwindigkeit, Vor-/Nachteile usw. bewertet. Bei dieser Gegenüberstellung der verschiedenen Varianten ist im Anschluss, eine Entscheidung meist sehr schnell zu treffen und fundiert zu begründen.

Bei **Schritt vier** werden die konkrete Aufgabenverteilung und die weitere Vorgehensweise festgelegt. Hierbei empfiehlt es sich, alle Ergebnisse und Festlegungen schriftlich festzuhalten.

Insbesondere ist es dabei wichtig, dass Personen namentlich für Aufgaben benannt und konkrete Terminangaben fixiert werden. Die Verantwortlichkeiten, die Beteiligten (aktiv wie informell) sowie Folgeschritte und Termine werden hier festgelegt und verbindlich vereinbart.

Durch diese strukturierte Vorgehensweise lässt sich jedes Problem analysieren und passende Lösungen finden. Dann klappt es auch mit der Problembeseitigung - finden Sie es selbst heraus!

Der Umgang mit Neid

Neid ist etwas, was uns im Berufs- und auch im Privatleben ständig verfolgt. Dabei ist der Spruch „Neid muss man sich verdienen und Mitleid bekommt man geschenkt" sehr bekannt und auch treffend. Manche bezeichnen sogar Neid als eine besondere Art von hoher Anerkennung.

Was ist Neid? Neid entsteht, indem wir uns selbst mit anderen Menschen vergleichen und etwas entdecken, was der andere hat und wir nicht, obwohl wir dieses ebenfalls haben wollen. Durch diesen scheinbaren Mangel spüren wir Neidgefühle in uns. Dieser Mangel kann auch zum Beispiel bei einer Beförderung eines Kollegen als eigene Benachteiligung empfunden werden.

Je näher wir mit Menschen in Kontakt kommen wie im Berufsleben sowie im Bekannten- und Freundeskreis, umso mehr sind wir anfällig für Neid. Die tolle Villa eines Schauspielers in Amerika interessiert uns dabei reichlich wenig, denn mit diesem haben wir keinen Kontakt und er ist auch zu weit weg von unserem eigenen Leben. Dabei interessiert uns das neue Auto des Kollegen, das neue Kostüm der Kollegin oder ein außergewöhnliches Talent unseres Nachbarn schon sehr viel mehr.

Neid ist Bestandteil der menschlichen Natur und lässt sich nicht einfach abstellen. Entscheidend ist jedoch, wie wir damit umgehen und ob wir anderen Menschen damit eventuell sogar schaden oder diese verletzen.

Psychologen unterscheiden drei Formen von Neid. Der destruktive Neid macht einen selbst aggressiv und unberechenbar. Hier reicht es nicht aus, dass man sich über die Beförderung des Kollegen nur ärgert, sondern es werden zusätzlich hinter dem Rücken des Kollegen Intrigen gesponnen und unwahre Gerüchte in Umlauf gebracht. Das Ziel dabei ist es, dem anderen möglichst Schaden zuzufügen

Der depressive Neid reduziert das eigene Selbstwertgefühl, indem der Vergleich mit anderen Menschen immer zu Ungunsten der eigenen Person ausfällt. Dies führt zu Depressionen und macht einen selbst unglücklich.

Der positive Neid äußert sich durch Bewunderung eines anderen Menschen zum Beispiel für dessen besondere rhetorische Fähigkeiten. Dabei spornt er uns selbst und unseren Ehrgeiz dazu an, uns zu entwickeln und besser zu werden. Neid ist jedoch nie ein positives Gefühl. Allerdings sind die Folgen daraus in diesem Falle als positiv zu werten, indem wir an uns arbeiten.

Im Berufsleben erleben wir Neid nahezu jeden Tag. Entweder werden wir mit Neid durch unsere Kollegen konfrontiert oder wir selbst entwickeln Neidgefühle. Beides kann sich negativ auf das Betriebsklima im Team und auf den zwischenmenschlichen Umgang mit den Kollegen auswirken.

Wie können Sie mit Neidgefühlen besser umgehen?

Seien Sie ehrlich zu sich selbst und stehen Sie dazu, dass Sie neidisch sind. Die Erkenntnis, dass Sie neidisch sind, ist bereits der erste Schritt in die richtige Richtung, um positiv damit umzugehen. Trotz der Neidgefühle haben Sie nun die Möglichkeit, Ihr Verhalten positiv zu beeinflussen, sodass Neid nicht zwingend negative oder zerstörerische Auswirkungen haben muss.

Stellen Sie sich die Frage, warum Sie neidisch sind. Warum denken Sie, dass Sie lieber mit dem Kollegen tauschen wollen, weil Sie dann angeblich glücklicher oder zufriedener wären? Meist liegt die Ursache nicht beim Kollegen, sondern in Ihrem eigenen Leben.

Womit sind Sie in Ihrem eigenen Leben unzufrieden, was fehlt Ihnen, um glücklich zu sein? Voraussetzung hierfür ist natürlich, dass Sie ganz ehrlich zu sich selbst sind und vor den tatsächlichen Gründen nicht die Augen verschließen. Sobald Sie diese jedoch erkannt haben, können Sie konkrete Änderungen herbeiführen, um Ihr eigenes Leben positiver zu gestalten. Dann werden sich auch Ihre Neidgefühle verringern.

Werfen Sie einen Blick hinter die Kulissen und sehen Sie nicht nur das Objekt Ihrer Begierde. Wir neigen sehr leicht dazu, nur das zu sehen, was der andere besitzt und wir nicht haben. Allerdings blenden wir dabei zu leicht aus, dass alles seinen Preis hat und mit Opfern verbunden ist.

Hierzu kann ich insbesondere aus eigener Erfahrung sprechen. Mehrere Jahre arbeitete ich sehr eng mit einer Kollegin zusammen, die auf meinen Geschäftswagen und auf meine Kleidung neidisch war. Wir verstanden uns im Allgemeinen sehr gut. Allerdings trübte sich unsere Stimmung immer deutlich, wenn ihre Neidphasen wieder zum Vorschein kamen. Sie blendete dabei völlig aus, dass ich dafür auch viele Opfer bringen musste.

So konnte ich nur am Wochenende zu Hause sein und musste knapp fünf Jahre lang jeden Montagmorgen um zwei Uhr dreißig aufstehen, um anschließend sechshundert Kilometer zu fahren, um meinen Arbeitsplatz zu erreichen.

Im Gegenzug war ich neidisch auf die Kollegin, die viel Zeit mit ihrer Familie verbringen konnte. Ein Blick hinter die Kulissen hätte uns beiden gutgetan. Aber gerade aus dieser unangenehmen Phase habe ich einiges gelernt und mitgenommen.

Deshalb empfehle ich Ihnen, konzentrieren Sie sich auf Ihre Vorzüge und Stärken, denn dies verbessert Ihr Selbstwertgefühl. Jeder Mensch, der mit sich selbst zufrieden ist und seine eigenen Stärken kennt und schätzt, ist weniger anfällig für Neid auf andere Menschen.

Es lebt sich eindeutig ruhiger, wenn man sich selbst so akzeptiert, wie man ist – mit allen Fehlern und Mängeln. An mir selbst stellte ich fest, dass dies tatsächlich funktioniert.

Wie jeder Mensch finde ich zum Beispiel an meiner Figur ein paar Dinge, die mir richtig gut gefallen und ein paar Dinge, die weniger gut gelungen sind. In diesem Leben wird sich daran jedoch nichts mehr ändern und im Großen und Ganzen bin ich mit mir und meinem Aussehen zufrieden. Dieses Gefühl stärkt meine innere Ruhe.

Wenn ich eine andere Kollegin sehe, die ein supertolles Kostüm trägt, das ihre Figur voll zur Geltung bringt, freue ich mich für sie und sage ihr das auch. Über die Reaktion der Kollegin, nämlich ein strahlendes Lächeln, freue ich mich dann umso mehr und meine persönlichen Neidgefühle halten sich somit sehr schnell in überschaubaren Grenzen.

Es gibt noch ein Mittel, das gegen Neid immer hilft – Dankbarkeit. Seien Sie dankbar für alles, was in Ihrem Leben positiv ist, für alle Ihre Fähigkeiten und Stärken und für die Menschen, die Sie lieben. Ein bisschen dankbar zu sein für die Dinge, die im Alltag als selbstverständlich betrachtet werden, lässt einen glücklicher, zufriedener, gelassener und ausgeglichener sein.

Sofern Sie die genannten Tipps beherzigen, wird es Ihnen leichter gelingen, sich von Neid zu lösen. Eventuell können Ihnen diese Tipps auch bei der Zusammenarbeit mit neidischen Kollegen/innen hilfreich sein.

Diese sind Ihnen vielleicht sogar dankbar, wenn Sie von Ihnen Hilfestellung zu konkreten Ansatzpunkten erhalten. Das Ziel ist jedoch klar, Ihnen den Umgang mit anderen Menschen zu erleichtern und die Zusammenarbeit mit Ihren Kollegen zu verbessern.

Der Umgang mit Gerüchten

Ein bekannter Spruch lautet: „Gerüchte werden von Neidern erfunden, von Dummen verbreitet und von Idioten geglaubt." Die Gerüchteküche brodelt am heftigsten in Zeiten von Unsicherheit und in Krisensituationen.

Gerade bei Stellenabbau und Restrukturierungsmaßnahmen schießen Spekulationen, Gerüchte und Klatsch buchstäblich wie Unkraut aus dem Boden. Je weniger es in diesen Zeiten offizielle Informationen der Unternehmensleitung gibt, umso mehr treffen diese Gerüchte auf Nährboden unter den Mitarbeitern und der Kollegenschaft.

Wissenschaftliche Untersuchungen zeigen, dass Klatsch Balsam für unser Gehirn ist und das Wir-Gefühl in einer Gruppe stärken. Der normale Flurfunk bzw. Büroplausch hat sogar eine ganz positive Seite, nämlich den Abbau von negativen Gefühlen und Stress.

Beides ist in Ordnung, solange das Gerede nicht bösartig wird. Übrigens am Flurfunk haben beide Geschlechter ihre Freude, denn nicht nur Frauen, sondern auch Männer finden ihren Spaß daran.

Wie wirken Gerüchte?

Gerüchte können ganz harmlos oder richtig bösartig sein. Je gemeiner und bösartiger sie sind, umso mehr können sie dem Betreffenden richtigen Schaden bis hin zum Rufmord zufügen.

Je glaubwürdiger die Informationsquelle ist und je näher sie einem selbst steht, umso mehr schenken wir dem Gerücht Gehör und halten es für wahr. Außerdem kennt jeder von uns den berühmten Spruch, dass an jedem Gerücht auch ein Körnchen Wahrheit dran sei – also warum dann nicht daran glauben.

Wie kann mit Gerüchten umgegangen werden?

Wenn Sie sich an der Gerüchteverbreitung beteiligen wollen, dann wählen Sie die Personen, denen Sie Gerüchte anvertrauen, sorgfältig aus und Sie sollten ihnen unbedingt vertrauen. Das schützt Sie davor, nicht plötzlich selbst als Quelle des Gerüchts angegeben bzw. als solche identifiziert zu werden.

Wenn Sie sich an der Gerüchteverbreitung nicht beteiligen wollen, dann können Sie entweder vom Thema ablenken und auf ein anderes überschwenken oder sich einfach dumm stellen. Aus meiner persönlichen Erfahrung kann ich nur bestätigen, dass sich das Dummstellen in der Praxis als sehr effektiv erweist.

In vielen Situationen, in denen ich mit Gerüchten konfrontiert wurde, signalisierte ich einfach, dass ich zu diesem Thema nichts wisse und mir nichts bekannt sei, sodass ich nichts dazu beitragen könne.

Zusätzlich gelang es mir durch dieses Verhalten, die aufdringlichen Fragesteller abzuwimmeln, die mich zu manchen Gerüchten nach meinem Kenntnisstand aushorchen wollten. Sofern Sie bereits auf dem aktuellen Stand der Gerüchteküche sind und nichts davon weiter in Umlauf bringen wollen, haben Sie auch die einfache Möglichkeit zu schweigen.

Was sind die Chancen und Risiken von Gerüchten?

Am Flurfunk und seinen Gerüchten können Sie die aktuelle Stimmungslage im Team erkennen. Es ist sogar möglich, Problemherde im Team und unter den Kollegen zu identifizieren, um im Anschluss gezielt gegensteuern zu können.

So kann manches kleine Feuer frühzeitig erkannt werden, bevor einem im übertragenen Sinne der Dachstuhl über dem Kopf abbrennt und ein riesengroßes Problem daraus entsteht.

Zudem kann der Flurfunk auch gezielt mit Informationen versorgt werden, die eine schnelle Verbreitung erfahren sollen. Dabei ist es nur wichtig, den richtigen Verteiler für diese Nachrichten zu verwenden (z. B. den Kollegentyp „Schwarzes Brett").

Der Flurfunk unterliegt seinen eigenen Regeln und ist nicht unmittelbar steuerbar. In mancherlei Hinsicht funktioniert er wie das Stille-Post-Prinzip – man weiß nie, was aus der ursprünglichen Information am Ende wird und wie viel Wahrheitsgehalt diese dann noch hat.

Außerdem birgt er die Gefahr, dass gerade in Zeiten von großer Verunsicherung eine gewisse Hysterie und wilde Spekulationen, ähnlich einer Grippewelle, von Kollege zu Kollege hüpfen. Um dieses Durcheinander im Anschluss wieder in den Griff zu bekommen, bedarf es schon sehr großer Anstrengung und Ausdauer.

Wie können Sie sich gegen üble Gerüchte wehren?

Unterstellungen und böse Behauptungen können schon das Leben schwer machen und am eigenen Ruf kratzen. Sofern Sie sich dagegen wehren wollen, sollten Sie sich in einem ersten Schritt einen kompletten Überblick über den Inhalt des Gerüchts verschaffen.

Dabei kann es hilfreich sein, mit verschiedenen Personen über das Gerücht zu sprechen und deren Informationsstand einzuholen. Am Ende sollten Sie für sich eindeutig erkennen können, was ist an dem Gerücht falsch und sind

Bestandteile vorhanden, die tatsächlich der Wahrheit entsprechen.

Sobald Sie sich einen Überblick über die Angriffspunkte in dem Gerücht verschafft haben, sollten Sie zu den einzelnen Punkten am besten mittels Zahlen, Daten und Fakten Gegenargumente sammeln.

Mit diesen können anschließend der Chef, wichtige Meinungsbildner im Team und der Flurfunk gezielt gefüttert werden, um die einzelnen Unterstellungen zu widerlegen. Wichtig ist dabei, bleiben Sie sachlich, auch wenn es Ihnen sehr schwerfällt.

Sofern Sie einen Urheber für das Gerücht ermitteln können, empfehle ich Ihnen, mit diesem ein Gespräch unter vier Augen zu führen und ihn zur Rede zu stellen. Interessant sind dabei besonders, seine Beweggründe und Motivation zu erfahren. Anschließend sollten Sie mit Ihrem Chef und mit Personen Ihres Vertrauens darüber sprechen und ihn zu erkennen geben sowie seine Absichten offenlegen.

Das alles kann eventuell nicht helfen, wenn es sich um ein Gerücht „größerer Wirkbreite" handelt und der Urheber sich nicht identifizieren lässt. In einer solchen Situation befand ich mich für den Zeitraum von einem ganzen Jahr.

Als ich meinen ersten Führungsjob übernommen hatte, bekam ich einen neuen Chef, und zwar ein gutes Jahr später. Kaum war dieser zwei Monate in unserer Niederlassung, befand sich schon das Gerücht in Umlauf, dass ich mit ihm ein Verhältnis hätte. Auf einem anderen Wege konnte eine Frau ja schließlich nicht zu solch einem Führungsjob kommen und dass er erst zu einem späteren Zeitpunkt zu uns gekommen war, interessierte niemanden.

Natürlich konnte auch kein Urheber ausfindig gemacht werden. Mit stoischer Ruhe und Gelassenheit reagierte ich jedes Mal, wenn ich direkt auf dieses Gerücht angesprochen wurde – was blieb mir auch anderes übrig, denn dagegen wehren konnte ich mich nicht.

So machte ich meine eigenen Späße damit und nahm es humorvoll. Nach außen hin konnte mich dieses Gerücht somit nicht verletzen und wie es in mir drinnen aussah, wusste außer meinem Ehemann und mir niemand. Meiner Karriere hat es auf jeden Fall nicht geschadet.

Flurfunk und somit Gerüchte werden immer existieren, sobald mehrere Menschen zusammenkommen und das ist schließlich im Geschäftsleben täglich der Fall. Er ist einer der effektivsten und schnellsten Kommunikationskanäle am Arbeitsplatz.

Über alle Hierarchieebenen und Abteilungen hinweg verbreiten sich Neuigkeiten über diesen Weg in Windeseile. Ganz harmlos ist er nicht, denn sogar Karrieren können davon zerstört werden. Umso besser ist es, wenn Sie die Chancen und Risiken kennen und Sie sich bei Bedarf dagegen wehren können.

Tipps für mehr Spaß bei der Arbeit

In jedem Team arbeiten Menschen mit interessanten und den unterschiedlichsten Persönlichkeitsstrukturen zusammen. Dabei kann man sich weder die Kollegen noch den Chef aussuchen und dennoch macht das Arbeiten viel mehr Spaß, wenn das Betriebsklima stimmt.

Trotz dem menschlichen Grundbedürfnis nach Harmonie ist es jedoch normal, dass am Arbeitsplatz auch mal „dicke Luft" herrscht und nicht immer jeden Tag die Sonne scheint.

Dazu sind wir Menschen mit unseren Meinungen und Anschauungen viel zu verschieden, als dass die Zusammenarbeit immer reibungslos verläuft. Auch Stress, die eigene Tagesform und die eigene Erwartungshaltung an uns selbst beeinflussen das Klima bei der Arbeit.

Eines ist allerdings sicher. Wenn wir auf etwas aktiv Einfluss nehmen können, dann ist es das Arbeitsklima, denn hier hat jeder Einzelne seinen Beitrag zu leisten. Das Betriebsklima wird weder vom Chef noch von den Mitarbeitern im Team allein beeinflusst und gestaltet, sondern von allen gemeinsam und miteinander.

Was hilft dabei, mehr Spaß im Team und bei der Arbeit zu haben?

Geben und Nehmen. Eine gute Zusammenarbeit lebt davon, dass nicht jeder im Team seinen Egoismus pflegt, sondern dass sich gerade in Zeiten von großen Arbeitsmengen und viel Stress die Kollegen gegenseitig helfen.

Jeder ist einmal in der Situation, dass die Arbeitsmenge einem über den Kopf wächst und ein anderer nicht ganz so viel Arbeitspensum zu bewältigen hat. Hier ist es eine nette Geste, wenn derjenige mit mehr freien Kapazitäten dem anderen hilft, denn nächste Woche könnte es andersherum sein.

Einem Chef von mir wurde bei einer Veranstaltung die Frage gestellt, was er unter Teamarbeit verstehe. Er antwortete daraufhin mit den Worten: „Einer teamt und die anderen arbeiten." Glücklicherweise waren seine Worte nicht ernst gemeint, sondern humorvoll, da er zu der Art von Chef gehörte, die sich im Team nicht ausgrenzt, sondern in stürmischen Zeiten auch mit anpackt.

Das Geben und Nehmen bezieht sich auf alle im Team, einschließlich dem Chef, seiner Sekretärin oder dessen Assistenten.

Feiern Sie gemeinsam Erfolge. In der täglichen Hektik beschäftigen einen Themen wie Termineinhaltung, Zielerreichung, Kundenbeschwerden etc. viel mehr als der Gedanke an die erreichten Ergebnisse und Erfolge.

Meist liegt der Fokus bei der täglichen Arbeit verstärkt auf den Themen Prozessverbesserungen, Fehlervermeidung, Störungsbeseitigung usw. Dies bedeutet automatisch, dass uns die Zeit fehlt, uns mit positiven Erlebnissen wie Erfolge oder was gut funktioniert hat, zu beschäftigen. Als Mitarbeiter kommt man sich hier immer mehr wie ein Hamster im Rad vor und weniger wie ein wertgeschätztes Individuum.

Also, was hilft hier? Erfolge gemeinsam feiern und ein Wir-Gefühl entwickeln.

Es tut richtig gut, sich in einer Runde zusammenzufinden, sich gegenseitig die aktuellen positiven Erlebnisse vorzustellen und darauf anzustoßen. Übrigens klappt ein Anstoßen auch mit Mineralwasser oder Kaffee. Auch Kuchen, frisches Obst oder im Sommer ein Eis erfreuen sich hier sehr großer Beliebtheit.

Am besten ist es, wenn die Runden zu einem Ritual werden und regelmäßig stattfinden, zum Beispiel wöchentlich oder monatlich. Das gibt jedem Einzelnen das Gefühl, dass die eigene Leistung wertgeschätzt wird.

Zudem erhält jeder einen großartigen Überblick über das ganze Team und dessen Leistungen, Projekte, Erfolge und aktuelle Themen. Gemeinsam sind wir stark – oh ja, das stimmt und gemeinsam feiern macht riesigen Spaß.

In einem meiner Teams hatten sich meine Mitarbeiter überlegt, dass wir uns ein eigenes Motto geben sollten, um unser Wir-Gefühl und unseren Zusammenhalt auch nach außen hin zu zeigen.

Aus diesem Grund fand ein interner Wettbewerb statt, bei dem Ideen für die Namensgebung diskutiert und eine gemeinsame Entscheidung über den endgültigen Namen getroffen worden sind.

Dieser Begriff wurde von uns in unseren teaminternen Unterlagen und Präsentationen verwendet. Damit steckten wir noch andere Teams in unserer Abteilung an, die unserem Beispiel folgten. Wir hatten damit sogar abteilungsübergreifend viel Spaß miteinander.

Verbringen Sie Pausen miteinander. Egal, ob es nun die Mittags-, Frühstücks- oder Kaffeepause ist, die Sie mit anderen Kollegen verbringen, es hilft Ihnen, sich untereinander besser kennenzulernen.

Noch interessanter ist es, wenn Sie nicht immer mit den gleichen Kollegen die Pausen verbringen, sondern auch mit Kollegen, die Sie noch nicht so gut kennen. Das fördert den gegenseitigen Austausch und sorgt dafür, dass Sie mitbekommen, was die anderen Kollegen beschäftigt und wie diese ticken.

Feiern Sie Geburtstage und ähnliche Anlässe zusammen. Jedes Geburtstagskind freut sich, wenn es schon an seinem Geburtstag arbeiten muss, dass ihm die Kollegen gratulieren und sich das Team in einer gemütlichen Runde kurz zusammenfindet.

Kleine Gesten wie zum Beispiel das Dekorieren des Schreibtisches oder eine kleine Süßigkeit bereiten dem Betreffenden eine große Freude. Über die strahlenden Augen und das dankbare Lächeln freuen sich anschließend alle anderen im Team.

Das stärkt das Wohlgefühl im Team und jeder fühlt sich zugehörig und geschätzt. Es fällt auch leichter, mal über kleine Nachlässigkeiten der Kollegen wie das fehlende Kopierpapier hinwegzusehen. Auch diese Runden fördern das Wir-Gefühl und bringen so manche interessante Hobbys zum Vorschein.

Zu meinem fünfzigsten Geburtstag hat mir einer meiner Mitarbeiter, der für sein Leben gerne backt, angeboten, mir einen kleinen Kuchen für unser nächstes Meeting zu backen.

Dieses Angebot nahm ich gerne an, da ich zu diesem Zeitpunkt ungefähr sechshundert Kilometer von zu Hause entfernt arbeitete und während der Woche nicht wirklich die Zeit für Aktivitäten in der Küche fand. Dabei ließ ich ihm freie Hand und ließ mich überraschen.

Das Ergebnis haute mich und alle anderen tatsächlich um. Bei unserem nächsten gemeinsamen Meeting ging die Tür auf und es betraten vier Personen den Raum, alle mit den verschiedensten Kuchen und Gebäckstückchen beladen. Der Kuchen reichte für ungefähr zwei Dutzend Personen, obwohl wir nur ein Dutzend waren.

Das größte Highlight war jedoch, als die Tür aufging und besagter Kollege mit einem selbstgemachten Schokoladenhaus inkl. Garten und –zaun auf einer einen Meter großen Platte hereinkam. Die Ahs und Ohs konnte ich nicht mehr zählen, denn das war wirklich ein wunderschönes Überraschungsgeschenk, über das wir noch Jahre später immer wieder gerne sprachen und davon schwärmten.

Überraschen Sie Ihre Kollegen mit kleinen Mitbringseln. Es müssen nicht immer die großen Dinge sein, sondern es reichen schon Kleinigkeiten wie ein Päckchen Gummibärchen oder eine Handvoll Kirschen aus, um eine positive Atmosphäre zu zaubern.

Zudem wird dadurch die tägliche Routine unterbrochen und durch das gemeinsame Genießen aufgelockert. Jeder kehrt danach entspannter an seinen Arbeitsplatz zurück und kann sich mit neuer Energie seinen Aufgaben widmen.

Lachen Sie miteinander. Gemeinsam über einen Witz lachen oder über eine Anekdote, die ein Kollege mit einer Portion Selbstironie zum Besten gibt, macht sofort gute Laune und vertreibt Ärger.

In einem meiner Teams mit vielen telefonischen internen Kontakten beschimpfte ein sehr aufgebrachter Kollege aus einer anderen Abteilung eine Mitarbeiterin aus unserem Team und nannte sie dabei eine „blöde Gans".

Da er sich nicht beruhigen ließ, blieb dieser Kollegin nichts anderes übrig, als den internen Kunden zur Teamleiterin weiterzuleiten, um die Angelegenheit klären zu lassen.

Diese ließ sich kurz die Situation schildern und begrüßte den wütenden Kollegen am Telefon mit den humorvollen Worten: „Hier spricht die Obergans – wie kann ich Ihnen helfen?".

Kurz gesagt, der wütende Kollege konnte zufriedengestellt werden und musste anschließend über die Begrüßung unserer Teamleiterin ebenfalls lachen. Diese Anekdote machte in unserer Abteilung noch oft die Runde und wir lachten jedes Mal wieder aufs Neue darüber.

Sich gegenseitig informieren. Das Gefühl zu haben, dass Informationen vorenthalten werden, macht einen unzufrieden. Ein regelmäßiger Informationsaustausch in Teammeetings, in spontanen Gesprächsrunden oder einfach von Schreibtisch zu Schreibtisch fördert ebenfalls den Zusammenhalt.

Sobald die Kommunikation in einem Team auf der Strecke bleibt, werden Mutmaßungen gefördert und Gerüchte geschürt. Dies wiederum führt zur Unzufriedenheit und zu schlechter Stimmung am Arbeitsplatz.

Wichtig ist hierbei auch die rechtzeitige, ehrliche und offene Information aller Beteiligten. Nur positive Themen zu kommunizieren und die Dinge, die nicht gut gelaufen sind, zu verschweigen, verhindern die Chance, anhand von Fehlern zu lernen und Verbesserungen vorzunehmen.

Ein gutes Betriebsklima kommt dem Unternehmen und den Mitarbeitern zugute, denn es ist die Voraussetzung für motivierte Mitarbeiter und deren Leistungsbereitschaft. Damit stellt es einen nicht zu unterschätzenden Einflussfaktor für den Unternehmenserfolg und für die persönliche Zufriedenheit jedes einzelnen Mitarbeiters dar.

Mit den entsprechenden Rahmenbedingungen und Maßnahmen lässt sich ein gutes Betriebsklima schaffen, wobei jedoch die Mitarbeiter wie die Vorgesetzten gefordert sind und sich einbringen müssen.

Die wichtigsten Erkenntnisse

Mit Humor geht alles besser:

Im Beruf geht es mit ernsten Dingen zu. Dennoch lässt sich alles mit einer gesunden Portion Humor leichter bewältigen – insbesondere der Umgang mit anderen Menschen.

Gemeinsames Lachen befreit und hebt die Stimmung im Team deutlich. Dabei ist es auch hilfreich, sich selbst nicht immer zu ernst zu nehmen. Wer über sich selbst und seine eigenen gelegentlichen Unzulänglichkeiten lachen kann, beweist große menschliche Stärke.

Lächeln nicht vergessen:

Gerade in der Zusammenarbeit mit anderen Menschen wirkt ein freundliches Lächeln wahre Wunder. Es wirkt ansteckend, macht die betreffende Person sympathisch, verbreitet gute Laune und schafft eine angenehme Atmosphäre.

Außerdem lässt sich manch zwischenmenschlicher Kontakt ganz leicht mit einem Lächeln herstellen anstatt mit Worten. Die Wirkung eines Lächelns ist unbestritten und hebt Ihre persönliche Ausstrahlung enorm.

Niemand ist perfekt:

Im Umgang mit anderen Menschen passieren immer wieder Fehler. Dies hängt zum Teil auch von der eigenen Tagesverfassung ab. Das Risiko dabei, an einem der schlechten Tage einen Kollegen oder Mitarbeiter zu verletzen, ist allerdings hoch.

Es gibt keinen Sekundenkleber, um zwischenmenschliche Scherben zu kitten. Hier hilft nur, sich zu entschuldigen – auch wenn es manchmal schwerfällt.

Wertschätzender Umgang:

Gerade als Manager und Führungskraft ist dies äußerst wichtig, denn Mitarbeiter sind Menschen mit Bedürfnissen und Sorgen und keine Nummern oder Maschinen. Zudem trägt jeder von ihnen seinen Anteil zur gemeinsamen Zielerreichung bei und jährliche Ziele können von keinem Chef alleine erreicht werden.

Nur gemeinsam ist ein Team stark und das gelingt am besten, indem jeder den anderen respektvoll und in der Art und Weise behandelt, wie er selbst behandelt werden möchte.

Dabei ist nicht nur der Tonfall von Bedeutung, sondern auch die Wortwahl. Von meinem Mann habe ich zu diesem Thema einmal deutlich den Spiegel vorgehalten bekommen.

Als ich einen Tag im Homeoffice arbeitete und er mehrere Telefongespräche teilweise mitbekam, traf er eine für mich überraschende Feststellung. Im Anschluss teilte er mir mit, dass er doch gerne ein Mitarbeiter von mir wäre, denn die werden, wie er soeben mitgehört hatte, deutlich sanfter von mir angepackt als er selbst.

Nun wollte er ab sofort ebenfalls mit Samtpfötchen behandelt werden und nicht mehr mit der sehr direkten, schonungslosen und gelegentlich schmerzvollen Art, die er meistens stressbedingt von mir zu erdulden hatte. Nach einer Überlegungsphase stellte ich fest, dass er recht hatte und dementsprechend passte ich mein Verhalten ihm gegenüber an – na ja, meistens.

Dies bedeutet nicht, dass ich alle meine Kollegen und Mitarbeiter nur mit Samtpfötchen angepackt hatte und schwierigen Situationen aus dem Weg gegangen war. Nein, es machte mich nur nochmals sensibler dahingehend, auf den richtigen Ton und die richtigen Worte zu achten – auch bei unangenehmen Botschaften und Gesprächen.

Auch der Chef ist ein Teammitglied:

Normalerweise ist auch der Chef ein Mitglied im Team. Allerdings liegt es an ihm selbst, ob er sich ausgrenzt und zum Außenseiter wird oder im Team mitspielt.

Es ist zwar in der Praxis meist üblich, mal über den Chef zu schimpfen oder zu lästern, aber auch er oder sie verdient einen respektvollen Umgang. Freundlichkeit und Höflichkeit erleichtern besonders hier die Zusammenarbeit enorm.

Bleibe fair:

Jeder von uns möchte fair behandelt werden, allerdings stellt sich hier die Frage, ob wir es gegenüber unseren Mitmenschen immer tun. Egal ob als Chef oder als Mitarbeiter, jeder von uns hat Lieblinge, mit denen er lieber zusammenarbeitet.

Dennoch gebietet die Fairness, dass auch Kollegen, die weniger auf der eigenen Wellenlänge liegen, genauso freundlich und gerecht behandelt werden wie die persönlichen Lieblinge.

Um fair zu bleiben, ist es sinnvoll, auf der sachlichen Ebene zu kommunizieren und nicht durch verbale und emotionsgeladene Ausrutscher andere Menschen zu beleidigen. Durch Fairness kommt jeder weiter und ist erfolgreicher.

Nicht nur reden, sondern auch etwas aussagen:

Bei manchen Menschen denken wir oft, dass diese sehr viel reden, jedoch inhaltlich wenig aussagen. Viele Worte stehen nicht automatisch für Qualität. Etwas zu sagen haben, hängt nicht von der Anzahl der Worte oder Sätze ab. Klare und deutliche Worte bzw. Botschaften bringen einen schneller ans Ziel und das auch in unangenehmen Situationen.

In meinen jungen Jahren war ich sehr auf Harmonie bedacht und sprach nicht immer unangenehme oder kritische Themen direkt an. Nachdem ich hier jedoch mein Verhalten änderte und klare sachliche Worte verwendete, stellte ich fest, dass mich auch nach kritischen Gesprächen die betreffenden Personen am nächsten Tag noch immer grüßten und mit mir redeten.

Im Gegenteil, durch die klaren und sachlichen Botschaften verbunden mit eindeutigen Zielvorstellungen war die Akzeptanz der Kritik am größten.

Stress tötet gute Umgangsformen:

Im Berufsleben sind stressige Situationen an der Tagesordnung. Stress und Zeitmangel führen jedoch häufig dazu, dass die Umgangsformen gegenüber unseren Mitmenschen darunter leiden.

So werden oft im Telegrammstil wichtige Informationen weitergegeben, bei denen der Kollege sich die nicht ausgesprochenen Punkte selbst zusammenreimen muss. Unter Druck wird auch der Umgangston häufig rauer und aggressiver, was jedoch keinen positiven Einfluss auf das Erreichen von Ergebnissen hat. Da hilft nur eines – höflich und freundlich bleiben.

Lob und Anerkennung:

Lob und Anerkennung wirken wie Öl bei einem Motor und tun der Seele gut. Dabei spielt es keine Rolle, ob Kollegen untereinander sich für eine Hilfestellung oder ein Entgegenkommen bedanken oder ein Chef seine Mitarbeiter lobt.

Beides ist wichtig, fördert die Zusammenarbeit und steigert die Zufriedenheit im Team. Ein nettes Wort an geeigneter Stelle bringt die gegenseitige Wertschätzung zum Ausdruck und erleichtert den täglichen Umgang miteinander. Schließlich verbringen wir pro Tag in wachem Zustand mehr Zeit im Geschäft mit unseren Kollegen als zu Hause mit unserer Familie.

Nicht alles besser wissen oder können:

Es ist zwar schön, Selbstvertrauen zu haben, allerdings strapaziert es schon deutlich die Nerven der Kollegen, wenn einer meint, alles besser zu wissen und zu können.

Die Realität sieht meist auch ganz anders aus und bringt die Wahrheit ans Licht. Letztendlich tötet dieses Verhalten langfristig die Motivation im Team.

Besonders anstrengend ist dieses Verhalten bei Chefs, da der eigene Spaß an der Arbeit empfindlich leidet. Zudem ist das Risiko hoch, dass sich dabei ein Chef in Details verzettelt und dies häufig zu langen Entscheidungswegen führt.

Gleichgewicht zwischen Vertrauen und Kontrolle:

In einem Team trägt jeder Einzelne zum Erfolg des gesamten Teams bei – egal ob Chef oder Mitarbeiter. Gegenseitiges Vertrauen spielt hierbei eine ganz große Rolle. Je weniger das Vertrauen ausgeprägt ist, umso mehr kommt die Kontrollfunktion zum Vorschein.

Dabei ist es besonders wichtig, das Gleichgewicht zwischen Vertrauen und Kontrolle zu finden, um allen Beteiligten nicht den Spaß an der Arbeit zu nehmen. Zu starke Kontrolle führt meist nicht zu Leistungssteigerungen im Team, sondern zur Unzufriedenheit.

Verschwiegenheit:

Jeden Tag erhalten wir vertrauliche Informationen während unserer Arbeit. Dabei ist es wichtig, diese für sich zu behalten bzw. nur mit den Menschen zu teilen, die diese Informationen ebenfalls erhalten dürfen. Auch die beste Kollegin, der beste Kollege oder die Sekretärin müssen nicht alles wissen.

Das eigene Ansehen hängt vom vertrauensvollen Umgang mit sensiblen Informationen ab und nichts ist schlimmer, als eine Plaudertasche im Team zu haben. Hier ist man nie sicher, was weitergegeben wird oder nicht. Der Ratschlag „Reden ist Silber, Schweigen ist Gold" gewinnt hier deutlich an Wert.

Das Herz nicht auf der Zunge tragen:

Spontanität ist meist erfrischend – bei Worten jedoch nicht immer. Hier stimmt der Grundsatz „Zuerst denken und dann reden" sehr häufig. Nicht alles, was einem spontan auf der Zunge liegt, sollte auch immer ausgesprochen werden.

Manchmal ist es hilfreich, Worte einfach hinunterzuschlucken und bei hitzigem Gemüt erst einmal eine Nacht darüber zu schlafen. Worte können einen großen Schaden anrichten, der sehr häufig schwer oder gar nicht mehr zu kitten ist.

Da ist es manchmal die bessere Vorgehensweise, erst einmal darüber nachzudenken, was und in welcher Form kommuniziert werden soll.

Geduld haben:

Geduld sich selbst und anderen Menschen gegenüber zu haben, ist meist eine schwierige Angelegenheit. Schließlich unterscheiden wir Menschen uns in Bezug auf Lerngeschwindigkeit, Auffassungsgabe, Reaktionszeit, Denkgeschwindigkeit, Arbeitsgeschwindigkeit und vielem mehr sehr deutlich.

Dabei konfrontieren wir nicht nur unsere Mitmenschen, sondern auch uns selbst mit sehr hohen Erwartungen. Gelegentlich sind diese Erwartungen derart hoch, sodass wir diese nicht einmal erreichen könnten, wenn wir sogar auf ein Trampolin springen würden.

In unserer heutigen hektischen Welt muss alles schnell gehen und am besten gestern erledigt werden. Dabei übersehen wir jedoch häufig, dass an der richtigen Stelle ein klitzekleines bisschen Geduld uns unserem Ziel näherbringt.

Im Besonderen gilt dies für die eigene Person, um uns selbst nicht zu überfordern, sondern uns selbst die Chance für eine realistische und ständige Weiterentwicklung zu geben.

Gelassenheit bewahren:

Der tägliche hektische Trubel kann schon dazu führen, dass die eigenen nicht so schönen Wesenszüge und Marotten zum Vorschein kommen. Dies hilft meistens niemandem und schon gar nicht der guten Zusammenarbeit im Team.

Sich über Dinge den Kopf zu zerbrechen und sich selbst verrückt zu machen, indem man sich alles Mögliche aber nichts Konkretes vorstellt, dient meist auch nur der eigenen Verunsicherung.

Diese Zeit und Energie können sinnvoller für konkrete Aufgaben eingesetzt werden. Zudem überträgt sich diese Art der Unsicherheit sehr schnell auf andere Kollegen im Team und führt zum kollektiven Hyperventilieren.

In Situationen mit bevorstehenden Veränderungen ohne Detailkenntnis sagte ich zu meinen Mitarbeitern immer folgende Worte: „Solange ich im Nebel stochere und keine konkreten Informationen habe, mache ich mich nicht verrückt. Erst wenn aus dem Nebel die erste Hürde konkret auftaucht, mache ich mir Gedanken darüber, wie viel Anlauf ich nehmen und wie hoch ich springen muss, um darüber hinwegzukommen."

Diese Einstellung half mir, einen kühlen Kopf und die innere Ruhe zu bewahren. Erst bei konkreten Informationen machte ich mir Gedanken, was zu tun ist, um den Veränderungen gerecht zu werden. Gelassenheit half mir in diesen Fällen deutlich besser weiter, als wirre gedankliche Luftschlösser zu bauen, die sich dann doch buchstäblich in Luft auflösten.

In der Ruhe liegt die Kraft – dieser Satz stimmt!

Der schlaue Kommentar am Ende

Nun ja, eine Erkenntnis habe ich in meinem Leben gewonnen. Nicht jeder Tag ist gleich und es hängt schon sehr viel von der eigenen Tagesform ab, wie wir mit unseren Mitmenschen umgehen und diese jeden Tag behandeln.

In meinen zwei Jahrzehnten als Führungskraft hatte ich mit so vielen Menschen und deren verschiedenen Persönlichkeitsstrukturen zu tun, sodass ich rückblickend feststelle, es waren schon sehr interessante und abwechslungsreiche Jahre.

Viele Erlebnisse bereiteten mir sehr viel Spaß und Freude. Es waren jedoch auch viele Situationen mit Kollegen und Mitarbeitern dabei, über die ich mich geärgert habe - über mich selbst und auch über die anderen.

Zusammenfassend stelle ich fest, dass im Hinblick auf alle meine vielfältigen Erfahrungen mir eines ganz deutlich bewusst geworden ist, und zwar insbesondere hinsichtlich aller nicht spannungsfreien und konfliktbelasteten Momente.

Ich bedauere, dass ich in manchen Gesprächen und Situationen durch meine Gedankenlosigkeit und durch viel Stress andere Menschen gelegentlich verletzt habe. Dabei fand ich manchmal nicht die richtigen Worte oder verhielt mich einfach nicht korrekt, obwohl dies bestimmt nicht in meiner Absicht lag.

Menschen sind zerbrechliche Wesen und nicht unverwundbar, und zwar körperlich wie auch seelisch - wir sind uns nur dessen nicht immer bewusst. Gerade deshalb ist es sehr wichtig, dass wir jeden Tag respektvoll miteinander umgehen und uns nicht durch Worte oder geringschätziges Verhalten gegenseitig das Leben unnötig schwer machen. Wir leben alle nur einmal.

In diesem Sinne wünsche ich Ihnen, lernen Sie aus meinen Fehlern, beherzigen Sie den einen oder anderen Tipp von mir und lassen Sie sich nicht beirren. Behandeln Sie andere Menschen so, wie Sie selbst behandelt werden wollen, dann sind Sie auf jeden Fall auf dem richtigen Weg!

Dankesworte

Ohne meinen Mann Andreas hätte es dieses Buch nicht gegeben. Als ich mein erstes Buch „Erfolg sucht Frau" begonnen hatte, gab ich ihm das Vorwort und das erste Kapitel zum Probelesen, als diese gerade fertiggestellt waren.

Seine Meinung dazu war, dass er mich fragte, wann ich denn mein zweites Buch schreiben werde. Ich war so perplex, dass ich nur herausbrachte, dass ich gar kein Thema für ein weiteres Buch hätte.

Dieser Zustand dauerte allerdings nur ein paar Tage an und dann fielen mir auch schon die nächsten Themen aus meinem Erfahrungsschatz ein, die ich nun in diesem Buch verarbeitete.

Wieder einmal war es Andreas, der mich voll und ganz unterstützte und mir den entscheidenden Anstoß gab. Auch dafür bin ich ihm sehr dankbar und vor allem für seine Geduld, wenn ich ihm jeden Abend während meiner Schreibphase die Ohren zu meinen verschiedenen Themen und Ideen vollplapperte, obwohl er nach einem langen Arbeitstag eigentlich seine Ruhe wollte. Mit stoischer Ruhe ließ er alles über sich ergehen und trug somit dazu bei, dass dieses Buch eine Chance hatte zu entstehen.

www.ingramcontent.com/pod-product-compliance
Lightning Source LLC
Chambersburg PA
CBHW020447220526
45464CB00002B/901